CORDULA NATUSCH
BARBARA KETTL-RÖMER

Niemals pleite!

Alles über die ersten eigenen Finanzen

CORDULA NATUSCH
BARBARA KETTL-RÖMER

Niemals pleite!

Alles über die ersten eigenen Finanzen

FBV

Bibliografische Information der Deutschen Nationalbibliothek
Die Deutsche Nationalbibliothek verzeichnet diese Publikation in der Deutschen Nationalbibliografie. Detaillierte bibliografische Daten sind im Internet über http://dnb.d-nb.de abrufbar.

Für Fragen und Anregungen:
info@finanzbuchverlag.de

1. Auflage 2017

ein Imprint der Münchner Verlagsgruppe GmbH
Nymphenburger Straße 86
D-80636 München
Tel.: 089 651285-0
Fax: 089 652096

Redaktion: Ulrike Kroneck
Lektorat: Hella Neukötter
Umschlaggestaltung: Melanie Melzer
Umschlagabbildung: Africa Studio-Fotolia
Satz: inpunkt[w]o, Haiger
Druck: GGP Media GmbH, Pößneck
Printed in Germany

ISBN Print 978-3-89879-990-4
ISBN E-Book (PDF) 978-3-86248-923-7
ISBN E-Book (EPUB, Mobi) 978-3-86248-924-4

Weitere Informationen zum Verlag finden Sie unter

www.finanzbuchverlag.de

INHALT

VORWORT

Theoretisch ist es lächerlich einfach, mit seinem Geld auszukommen. Man darf nur nicht mehr ausgeben, als man einnimmt. Wenn es nur in der Praxis auch so einfach wäre. Im wirklichen Leben reicht das Geld oft hinten und vorne nicht, sind Konto und Kühlschrank mitunter schon am 15. des Monats leer und Mahnungen häufige Gäste im Briefkasten.

Besonders bitter ist das, wenn man mal wieder sieht, dass der Nachbar sich ein neues Auto geleistet hat, die Freundin ein schickes Outfit mehr nach Hause trägt und bunte Prospekte mit den verlockendsten Angeboten ins Haus flattern. Da scheint das neue Möbelstück oder die Reise an den Traumstrand nur einen kleinen Kredit entfernt. Bei dem günstigen Zins – oder gleich 0,0 Prozent sind die Monatsraten ja kaum der Rede wert. Auch beim Einkaufsbummel locken von allen Seiten die schönsten Schnäppchen – so günstig kriegen Sie das Top nie wieder, das Tablet ist geradezu unschlagbar billig und jetzt kommt es sowieso nicht mehr darauf an ... oder doch?

6,7 Millionen Bürger über 18 Jahren gelten in Deutschland als überschuldet. Das heißt, sie können ihren laufenden Zahlungsverpflichtungen dauerhaft nicht mehr nachkommen. Ihre durchschnittlichen Schulden lagen 2015 bei knapp 35.000 Euro (Quelle: Statistisches Bundesamt). Allein 2015 mussten 78.000 Menschen in Deutschland eine Verbraucherinsolvenz anmelden, weil sie auf Schuldenbergen saßen, die sie aus eigener Kraft nicht mehr abtragen konnten. Manchmal stecken hinter diesen Zahlen

Schicksalsschläge wie schwere Unfälle oder Erkrankungen, die Menschen auch finanziell aus der Bahn geworfen haben.

Oft aber sind es Unerfahrenheit in Finanzdingen, Blauäugigkeit und Gutgläubigkeit, die gerade jüngere Menschen in den buchstäblichen Ruin treiben. Sie glauben den Werbeversprechen und lassen sich auf Ratenkredite ein, die das Einkommen auffressen. Sie verlassen sich auf den Partner, der das Geld an der Börse oder in Spielhallen verzockt hat, oder bürgen für Eltern oder Freunde, die dann ihren Kreditverpflichtungen leider nicht mehr nachkommen können. Sie telefonieren zu intensiv mit dem Handy oder shoppen Tag und Nacht im Netz. Eine Zeit lang ignorieren sie tapfer die Rechnungen, Zahlungsaufforderungen und bösen Briefe. Dann ist es zu spät, Telefon und Ebay-Konto sind gesperrt, das Einkommen gepfändet und es ist nicht mal mehr genug Geld da, um wenigstens etwas zu essen zu kaufen.

Geld ist als Thema ja nicht wirklich sexy. »Über Geld spricht man nicht«, dieser Satz gilt auch heute noch zwischen Familienmitgliedern, Freunden und Nachbarn. Wer weiß denn z. B., wie viel die eigenen Eltern verdienen? In der Schule lernt man mit Euro und Cent rechnen, aber nicht, wie man mit Geld umgeht. Wenn dann die erste eigene Wohnung bezogen wird und mit dem selbst verdienten Geld nicht mehr nur das Auto und das Ausgehen, sondern der Lebensunterhalt und notwendige Anschaffungen finanziert werden müssen, wird es schwierig. Manchem jungen Haushaltsgründer wird schockartig bewusst, dass das Einkommen doch eher klein und die Ausgaben ganz schön groß sind. Miete, Nebenkosten, Telefon, Lebensmittel, Möbel, Kleidung ... wie soll das alles bezahlt werden? Und leben, ein bisschen Spaß haben, will man doch auch noch!

Als Sie dieses Buch aufgeschlagen haben, haben Sie bereits den ersten Schritt zu einem Leben ohne Geldsorgen getan. Das heißt nicht, dass Sie nie wieder über Geld nachdenken müssen. Im Gegenteil. Sie werden sich viele Gedanken machen. Auch welche, die unangenehm sein können. Schließlich steht mit dem Umgang mit Ihrem Geld, mit Ihrem Konsumverhalten und dem

Ihres Partners auch ein Stück von Ihnen selbst auf dem Prüfstand. Sie werden rechnen müssen und einige Formeln kennenlernen – aber so, dass Sie etwas damit anfangen können, versprochen! Wir versprechen Ihnen dagegen ausdrücklich nicht, dass Sie, wenn Sie alle Tipps und Ratschläge in diesem Buch befolgen, in ein paar Jahren wahnsinnig glücklich, total reich und absolut sorgenfrei sein werden. Aber wir liefern Ihnen die Informationen, Hilfsmittel und Grundregeln, die Sie brauchen, um mit Ihrem Einkommen gut auszukommen, sich einen vernünftigen Lebensstandard zu leisten und sogar noch ein wenig vorzusorgen.

Ihre Barbara Kettl-Römer und Cordula Natusch

1. SÄULE: MACHEN SIE SICH BEWUSST, WIE SIE MIT GELD UMGEHEN

»Ich muss mir langsam eingestehen, dass ich meine Schulden nicht regulär abbezahlen kann, da ich in den nächsten Jahren wohl keine Anstellung finden werde, die den Tilgungsplänen der Banken gerecht wird. Diese Seifenblase zerplatzt gerade und ich komme langsam in der Realität an. Kurz zu meiner Situation:

Ich bin 30 Jahre alt (...), meine Schulden in Deutschland setzen sich aus Studienkrediten der KfW (ca. 33.000 Euro), der NRW-Bank (ca. 3.000 Euro) und BAföG (ca. 1.000 Euro) zusammen sowie kleinere Beträge bei der Postbank (300 Euro) und dem Jobcenter (1.200 Euro – die haben sich vor ein paar Jahren mal verrechnet).

Ich verdiene knapp unter 1.000 Euro netto pro Monat und zahle derzeit 50 Euro/Monat an die KfW und 30 Euro/Monat an das Jobcenter nach voll ausgeschöpften Stundungen, die restlichen Kredite sind noch gestundet. (...) Manchmal kann ich noch nicht einmal diese kleinen Raten begleichen und verhandele dann mit denen, aber das geht ja nicht ewig so weiter.«

lilyna
(gepostet unter www.forum.f-sb.de am 09.07.2016)

Okay, das war ein harter Einstieg. Aber er zeigt, wie leicht und schnell man als junger Mensch in die Schuldenfalle geraten kann und wie schwer es ist, wieder herauszukommen. Verständlich ist es ja: Als Azubi, Student oder Berufsanfänger haben Sie große Träume, Wünsche und Erwartungen an das Leben – aber leider kein besonders hohes Einkommen. Vielleicht gehören Sie zu den Glücklichen, die beim Start in den ersten eigenen Hausstand auf einen schönen Batzen Erspartes zurückgreifen oder auf Unterstützung durch großzügige Eltern oder Großeltern zählen können. Aber selbst dann wird es für Sie als Haushaltsgründer nicht leicht werden, die Ausgaben dauerhaft niedriger als die Einnahmen zu halten. Ob Sie es schaffen, hängt im Wesentlichen von zwei Dingen ab: erstens von Ihrem Wissen in Sachen Finanzen. Das können Sie bei der Lektüre der folgenden Kapitel aufpolieren. Zweitens von Ihrer Einstellung und Ihrem Verhalten in Sachen Geld und Konsum. Um die geht es in diesem Kapitel.

Geld ist nämlich viel mehr als nur ein Zahlungsmittel für uns, es hat eine enorme psychologische Bedeutung. Die aber ist für jeden Menschen anders, je nach seiner Persönlichkeit, seiner Erziehung in Geldfragen und seinen bisherigen Erfahrungen.

Übung 1

Testen Sie selbst: Welcher Geldtyp sind Sie?

Kreuzen Sie an, welchen Aussagen Sie am ehesten zustimmen bzw. welche von Ihnen stammen könnten:

B Es gibt wichtigere Dinge im Leben als Geld. Und die wirklich wichtigen Dinge kann man für Geld ohnehin nicht kaufen.

A Geld allein macht zwar nicht glücklich, aber ohne Geld kann man auch kein glückliches Leben führen.

D Wer kein Geld hat, hat auch keine Freunde.

C Wenn man genug Geld hat, kann man mit allem fertigwerden, was einem im Leben so passiert.

C Ich spare immer einen Teil meines Geldes. Man weiß ja nicht, was noch kommt.

D Mir reicht mein Geld eigentlich nie. Es gibt immer so viele Dinge, die ich noch brauche.

A Ich komme mit meinem Geld ganz gut aus und kann mir einen einigermaßen vernünftigen Lebensstandard leisten.

B Man muss halt ein bisschen aufs Geld schauen, damit man klarkommt. Aber eigentlich nervt mich diese Euro-und-Cent-Rechnerei eher.

Wenn ich merke, dass ich in letzter Zeit mehr Geld ausgegeben habe, als ich mir eigentlich leisten kann, ...

A ... schränke ich halt meine Ausgaben für einige Zeit ein.

C ... werde ich nervös und fange sofort an, eisern zu sparen, bis alles wieder im Lot ist.

B ... ist das kein Problem, weil ich eh kein Konsum-Freak bin und sich das schon wieder ausgleicht.

D ... versuche ich, woanders Geld aufzutreiben, damit ich mich nicht einschränken muss.

Wenn ich heute 1.000 Euro geschenkt bekäme, ...

C ... würde ich sie auf die Bank bringen. Eine Reserve kann man immer brauchen.

D ... würde ich mir einen ausgiebigen Shoppingtrip leisten und meine Freunde zu einer Lokalrunde einladen.

B ... wüsste ich erst mal gar nicht, was ich damit machen soll.

A ... würde ich mir davon ein paar Sachen kaufen, die ich mir schon länger wünsche, und den Rest erst mal sparen.

Wenn ich beim Shoppen ein supertolles Teil im Sonderangebot entdecke, ...

B ... ist mir das eigentlich egal. Ich kaufe nur, was ich wirklich haben will, ob es nun im Sonderangebot ist oder nicht.

A ... überlege ich, ob ich es wirklich haben will und mir leisten kann. Falls ja, kaufe ich es.

C ... lasse ich mich nicht verführen, wenn ich es nicht wirklich brauche.

D ... kaufe ich es natürlich sofort, sage aber meinen Freunden nicht, dass es so billig war.

Auswertung: Welchen Buchstaben haben Sie am häufigsten angekreuzt?

Typ A: Der Rationale. Geld ist für Sie Mittel zum Zweck. Sie gehen sehr sachlich damit um und haben normalerweise kein Problem damit, Einnahmen und Ausgaben auszubalancieren. Sie sollten dennoch darauf achten, bei Anschaffungen genau nachzurechnen und das Sparen nicht zu vernachlässigen.

Typ B: Der Idealist. Geld ist für Sie ein lästiges Übel. Sie finden, dass Geld in unserer Gesellschaft überbewertet wird, und würden sich am liebsten nicht weiter damit befassen. Das ist menschlich sehr sympathisch, aber riskant, weil Geld eben dann seine größte Bedeutung erlangt, wenn es nicht reicht. Oder, um es mit Margaret Thatcher zu sagen: »Nicht einer würde sich an den barmherzigen Samariter erinnern, wenn der nur gute Absichten gehabt hätte. Er hatte auch Geld.«

Typ C: Der Sicherheitsliebende. Geld bedeutet für Sie vor allem Sicherheit. Das ist positiv, weil Sie keine Schwierigkeiten damit haben, Konsumwünsche zurückzustellen, zu sparen und vorzusorgen. In die Überschuldung werden Sie kaum rutschen. Aber Ihr Sicherheitsstreben birgt auch Risiken. Zum einen können daraus unnötige Ausgaben (etwa zu viele und teure Versicherungen) und schlechte Renditen durch ein zu vorsichtiges Anlageverhalten entstehen. Zum anderen besteht die Gefahr, dass Sie die Bedeutung des Geldes überbewerten und dadurch an Lebensqualität verlieren.

Typ D: Der Konsumorientierte. Sie hängen nicht am Geld, sondern geben es mit vollen Händen aus. Deswegen reicht es auch nie. Geld ist für Sie ein Mittel, sich selbst etwas Gutes zu tun, aber auch, um Zuneigung und Anerkennung zu bekommen. Das ist leider ein ziemlich sicherer Weg in die Verschuldung. Sie sollten unbedingt an Ihrer Einstellung und Ihrem Konsumverhalten arbeiten.

Geld ist Gefühlssache

»Mag das Geld auch den Charakter des bloß Nützlichen haben, so hat es dennoch eine gewisse Ähnlichkeit mit dem Glück, weil es auch den Charakter des Allumfassenden besitzt, da ja dem Gelde alles untertan ist.«
Thomas von Aquin

Wie auch immer Sie im Selbsttest abgeschnitten haben: Beim Ankreuzen der auf Sie zutreffenden Aussagen haben Sie nach Ihrem Gefühl entschieden. Geld ist überhaupt ein Thema, das für fast alle Menschen mit starken Gefühlen verbunden ist. Warum eigentlich?

Was ist Geld? Eine sachliche Betrachtung

Rein ökonomisch betrachtet hat Geld drei Funktionen:

Es dient als **Generaltauschware**. Jeder Marktteilnehmer kann seine erstellten Leistungen gegen Geld eintauschen. Er kann also beispielsweise dafür, dass er ein Brot backt und verkauft, einen Gegenwert in Form von Geld verlangen. Gleichzeitig hat er die Möglichkeit, jede andere Leistung oder Ware, die er benötigt und die auf dem Markt angeboten wird, gegen Geld zu erhalten. Das ist wesentlich praktischer als der Tausch Leistung gegen Leistung bzw. Brot gegen Wurst.

Es hat **Wertaufbewahrungsfunktion**. Anders als Wurst verdirbt Geld nicht und kann auch nach langer Zeit noch gegen Waren eingetauscht werden. Allerdings verliert es mit der Zeit an Wert. Diese schleichende Geldentwertung nennt man Inflation. In Deutschland ist die Inflationsrate seit einigen Jahren extrem niedrig und lag z. B. 2015 bei 0,3 Prozent. Einfach gesagt bedeutet dies: Was letztes Jahr 100 Euro gekostet hat, kostet dieses Jahr

100,30 Euro. 100 Euro, die Sie letztes Jahr ins Sparschwein gesteckt haben, sind dieses Jahr also etwas weniger wert. Solange die Inflation so niedrig ist, ist der Wertverlust bei »herumliegendem« Geld nicht so dramatisch, aber generell sollten Sie eher versuchen, es gewinnbringend anzulegen. Die profitable Geldanlage ist aber derzeit sicher nicht das drängendste Geldproblem für Sie ...

Es dient als **Wertmaßstab bzw. Recheneinheit**. Mit Geldeinheiten kann man beziffern, wie viel ein Haarschnitt oder eine Tasse Kaffee wert sind.

Letztlich dient Geld also schlicht dazu, den Austausch von Leistungen auf den Märkten zu vereinfachen. Für die Menschen in einer Geldwirtschaft heißt das: Sie brauchen Geldeinkommen, um dafür das kaufen (»eintauschen«) zu können, was sie zum Leben brauchen.

Und warum hängen Gefühle am Geld?

Neuere Forschungen haben ergeben, dass eigentlich jede Entscheidung, die wir Menschen treffen, von Gefühlen gesteuert ist. Aus Sicht unserer Evolution ist das nur sinnvoll: Ein Mensch, der im Dschungel auf einen Tiger trifft, hat keine Zeit, rational alle offenstehenden Möglichkeiten abzuwägen und sich dann für die aussichtsreichste zu entscheiden. Er hat Angst. Er rennt los. Wenn er es überlebt und hinterher über seine Reaktion nachdenkt, wird er sie sehr vernünftig finden, obwohl er doch rein gefühlsmäßig entschieden hat.

Heute leben wir unter völlig anderen Bedingungen als unsere Vorfahren vor 100.000 Jahren. Wenn es um das Geldausgeben geht, wäre ein rein sachliches Abwägen von Vor- oder Nachteilen wesentlich sinnvoller als ein Entscheiden aus dem Bauch heraus. Aber so schnell geht das mit der Evolution nicht. Immer noch handeln wir – auch beim Konsum – vorrangig nach Gefühlen wie Angst, Neid, Gier, Streben nach Anerkennung oder Liebe.

Das Dumme ist, dass diese gefühlsmäßigen Beweggründe sehr tief in uns verankert sind. Sie bestimmen unser Handeln, aber wir sind uns dessen meist gar nicht bewusst. Das macht es so schwer, unser Handeln zu verändern. Wir müssen unsere Gefühlssteuerung erst einmal erkennen, bevor wir sie mit sachlichen Überlegungen überlisten können.

Beweggrund Angst

Angst ist eine sehr nützliche Einrichtung der Natur, die unser Überleben in einer feindlichen Umwelt sichert. Im Beispiel mit dem Tiger lässt Angst uns wegrennen oder kämpfen, falls es nicht anders geht. Von solchen Akutsituationen abgesehen äußert sich Angst meist eher indirekt als Sicherheitsstreben. Wir sparen aus Angst davor, im Alter arm zu sein. Wir schließen Versicherungen ab, weil wir Angst vor Schicksalsschlägen und deren Folgen haben. Wir trennen unseren Müll aus Angst vor der Umweltzerstörung und boykottieren genmanipulierte Nahrungsmittel aus Angst vor den Folgen der Gentechnik. Manchmal kaufen wir uns Dinge, die wir uns nicht leisten können – aus Angst, sonst vor anderen schlecht dazustehen.

Allerdings geht es uns deswegen nicht besser: Angst ist nicht rational und wer starke Ängste hat, wird sich nie wirklich sicher fühlen, egal wie viel Geld er gespart und wie viele Versicherungen er abgeschlossen hat. Immerhin wird er mit den Folgen negativer Ereignisse dann wenigstens in finanzieller Hinsicht besser fertigwerden. Ein bisschen Angst kann also in Geldfragen durchaus nützlich sein.

Beweggrund Gier

Gier ist kein schönes Wort und eigentlich wollen wir nicht glauben, dass wir Dinge aus Gier tun. Aber warum stehen wir morgens um 8 Uhr bei Aldi und schlagen uns mit wildfremden Menschen um eine Wanduhr für 9,99 Euro oder eine spottbillige Küchenmaschine? Warum freuen wir uns noch Tage später über ein Superschnäppchen, das wir beim Einkaufsbummel gemacht haben? Warum greifen wir bei »drei für zwei«-Angeboten und Rabattaktionen so gern zu? Weil wir uns einfach gut fühlen, wenn wir mehr für weniger bekommen. Und noch besser, wenn andere das nicht schaffen. Weil wir immer noch mehr haben wollen – ja, das ist die pure Gier.

Dumm ist nur: Wenn wir gierig sind, tricksen wir uns selbst aus. Egal wie toll die Schnäppchen sind, die wir machen: Letztlich haben wir für sie Geld ausgegeben, statt es zu sparen. Oft sind es Dinge, die uns zwar gefallen, die wir aber eigentlich gar nicht brauchen. Viele billig erworbene Dinge sind zudem von schlechter Qualität oder haben einen Haken im Kleingedruckten, sodass sie langfristig doch teurer werden als gedacht. Besonders fatal wird die Gier, wenn sie uns auf raffinierte Betrüger hereinfallen lässt, wie es auch und gerade jungen Menschen immer wieder passiert. Ein typisches Beispiel sind Superschnäppchen bei Ebay, die nach Bezahlung nie geschickt werden, oder irgendwelche angeblichen Gewinne (etwa bei einem Facebook-Award), die man sofort bekommt, wenn man nur ein paar Daten eingibt und etwas Geld als »Bearbeitungsgebühr« überweist. Dann fallen gutgläubige Gierige böswilligen Gierigen zum Opfer und verlieren ihr sauer erarbeitetes Geld auf Nimmerwiedersehen. Gier ist (nicht nur) in Gelddingen eigentlich immer ein schlechter Ratgeber.

Beweggrund Streben nach Anerkennung

Menschen sind soziale Wesen. Keiner von uns will allein sein. Wir wollen Freunde haben, einen Partner, eine Familie. Und nicht nur das: Wir wollen in den Gruppen, in denen wir uns bewegen – unter Kollegen, Kommilitonen, Vereinskameraden –, nicht irgendein Nobody sein, sondern jemand, den die anderen akzeptieren, mögen oder noch besser sogar bewundern. Wir sind bereit, dafür einiges zu tun: Wir investieren Geld und Zeit. Wir frisieren, kleiden und schmücken uns so, wie es gerade angesagt ist, gehen in die »richtigen« Lokale, kaufen das jeweils neueste Smartphone und streamen die angesagten Sendungen, damit wir mitreden können.

Allerdings: Stimmt es wirklich, dass wir keine Chance auf Akzeptanz haben, wenn wir nicht jede Mode mitmachen? Vielleicht schauen wir dann nur auf die falschen Leute? Stil kann man auch mit günstigen gebrauchten Sachen zeigen und Selbermachen ist sowieso wieder »in«. Protz und Schulden sind dagegen richtig uncool.

Beweggrund Liebe

Über Geld drücken wir auch Zuneigung und Liebe aus, zu anderen Menschen und zu uns selbst. Wir machen geliebten Menschen Geschenke, wollen mit ihnen ausgehen, reisen und andere schöne Erlebnisse haben. Wir wollen ihnen zeigen, wie wichtig sie uns sind. Uns selbst wollen wir auch immer mal wieder etwas Gutes gönnen. Gerade wenn das Leben schwierig ist, trösten wir uns gern mit Schokolade, einem neuen Parfüm oder Handy oder einer durchgefeierten und -getanzten Nacht darüber hinweg. Das Geld dafür ist doch gut angelegt, oder?

Ab und zu ein liebevolles Geschenk für sich oder für andere – das ist wirklich etwas Schönes. Regelmäßige Frustkäufe aber nicht. Die Befriedigung, die sie bringen, währt kurz. Das Geld dafür ist aber unwiederbringlich weg. Jahrelange Erfahrung hat uns gelehrt, dass sich weder Schokolade noch Shopping zur Frustvernichtung eignen. Akute Frustanfälle vertreiben Sie am besten mit Sport oder mit einem Gespräch mit einem lieben Menschen. Manchmal hilft auch ein gemütliches Wannenbad oder ein Videoabend auf dem Sofa – wenn Sie eine Komödie anschauen und sich dabei nicht mit Chips und Süßigkeiten vollstopfen.

Auch Liebe und Zuneigung anderer kann man sich nicht mit Geschenken erkaufen. Ihr Partner oder ein anderer geliebter Mensch, der es ehrlich mit Ihnen meint, wird sich über eine liebevoll ausgesuchte Kleinigkeit oder über ein selbst gebasteltes, gebackenes oder gedichtetes Werk mindestens genauso freuen wie über ein teures 08/15-Geschenk. Wahrscheinlich sogar mehr.

Übung 2

Schreiben Sie die letzten fünf außerplanmäßigen Ausgaben auf, die Sie getätigt haben. Seien Sie bei jeder Ausgabe ganz ehrlich und selbstkritisch: Warum haben Sie sie getätigt? War das etwas, das Sie objektiv gebraucht haben? Oder waren es doch Ihre Gefühle, die Sie zum Kauf bewogen haben? Welche? Notieren Sie diese zum jeweiligen Kauf.

Würden Sie heute diese Kaufentscheidungen wieder treffen? Ergänzen Sie auch das.

Stecken Sie diese Aufstellung in Ihren Geldbeutel.

Wenn Sie das nächste Mal vor einem unwiderstehlichen Angebot stehen, ziehen Sie die Liste heraus und lesen Sie sie durch. Wie unwiderstehlich ist das Angebot jetzt noch?

Macht mehr Geld glücklicher?

Wie viel Geld ist eigentlich genug, um davon leben zu können? Macht uns mehr Geld glücklicher? Und wie viel Geld müssten wir haben, um ganz und gar glücklich zu sein?

Hartz IV ist so konzipiert, dass man mit dem Regelsatz von 404 Euro (2016) gerade so seinen Lebensunterhalt bestreiten kann, wenn man konsequent sparsam ist. Aber immer so sparsam zu sein, macht keinen Spaß. Die meisten Leute, die von Hartz IV leben müssen, sind damit nicht besonders glücklich. Mit mehr Geld wären sie zweifellos glücklicher.

Das kann man sogar messen: Die Nobelpreisträger Angus Deaton und Daniel Kahneman haben bei ihren Forschungen herausgefunden, dass das Glücksempfinden der Menschen tatsächlich mit steigendem Einkommen zunimmt – und zwar im Prinzip unbegrenzt. Allerdings nimmt der Zugewinn an Glück ab, je höher das Einkommen schon ist. Letztlich haben Sie es damit in der Hand, selbst zu entscheiden, ab wann Sie genug verdienen, um damit zufrieden leben zu können, und ab wann Sie keinen weiteren Glückszugewinn brauchen.

Geld ist Erfahrungssache

»Geld allein macht nicht unglücklich.«
Kurt Goetz

Nicht nur Gefühle prägen unser Ausgabeverhalten. Wir gestalten es auch so, wie wir es gelernt haben. Von unseren Eltern und anderen Vorbildern und aus unseren eigenen Erfahrungen. Wobei auch dieses Lernen oft kein bewusster Vorgang ist. Es gibt zwar durchaus Eltern, die mit ihren Kindern über Geld und den Umgang damit sprechen, die erklären, wie viel sie verdienen und wofür sie das Geld ausgeben, und die Finanzielles im Familienrat diskutieren. In vielen Familien aber wird über Geld gar nicht oder nur indirekt (nach dem Motto: »Alles wird schon wieder teurer!«) gesprochen. Und unabhängig von dem, was besprochen wird, bleibt ja noch das, was gelebt wird. Das prägt noch viel stärker.

Wie war das bei Ihnen zu Hause? War Geld ein Thema? Waren Ihre Eltern sparsam oder eher verschwenderisch? War immer genug Geld für Essen, Kleidung und Hobbys da oder durften Sie wegen der hohen Kosten nicht am Schulausflug teilnehmen? Gab es Geld als Belohnung für gute Noten oder Hilfsarbeiten im Haushalt?

Haben Sie gelernt, mit Ihrem Taschengeld gut zu haushalten, damit es bis Monatsende reichte? Oder konnten Sie jederzeit auf einen Vorschuss oder einen Extrazehner von der Oma rechnen?

All diese Erfahrungen wirken mit, wenn Sie heute mit Ihrem Einkommen haushalten. Und so kommen oft erstaunlich kontinuierliche Erfahrungen zustande: Die einen sind noch nie mit ihrem Geld ausgekommen und schaffen es auch heute nicht. Andere, die vielleicht sogar weniger verdienen, kommen immer klar und können trotzdem noch etwas sparen.

Wer als Jugendlicher nicht gelernt hat, vorausschauend und verantwortungsbewusst mit seinem Taschengeld zu haushalten, tut sich auch als junger Erwachsener mit seinem ersten eigenen Haushalt schwer. Das bestätigt auch eine 2016 veröffentlichte Umfrage des Bundesverbands Deutscher Inkasso-Unternehmen e. V. Inkasso-Unternehmen werden von anderen Unternehmen mit dem Eintreiben von Geld beauftragt, wenn Kunden ihren Zahlungsverpflichtungen nicht nachkommen. 53 Prozent der befragten Unternehmen schätzten das Zahlungsverhalten junger Erwachsener im Alter von 18 bis 24 Jahren im Vergleich zu Älteren als schlechter ein.

»Macht ja nichts«, könnte man sich denken. Aber Ihr Kreditinstitut achtet genau darauf, wer öfter mal Mahnungen bekommt, Zahlungen an Inkasso-Unternehmen überweisen muss oder mangels Kontodeckung kein Geld mehr bekommt. Wenn Sie aufgrund solcher Vorfälle als unzuverlässiger Schuldner bekannt sind, gelten Sie auch als nicht kreditwürdig. Sie erhalten dann keinen Dispositionskredit, keinen Handyvertrag und müssen höhere Zinsen für andere Kredite bezahlen (falls Sie diese überhaupt bekommen).

Geld ist auch Einstellungssache

»Geld, hatte sich herausgestellt, war genau wie Sex. Du hast an nichts anderes gedacht, wenn du's nicht gehabt hast, und du hast an andere Dinge gedacht, wenn du es hattest.«
James Baldwin

Der Weg in die Neidspirale: der Vergleich mit anderen

Einen objektiven Maßstab für »genug Geld« gibt es nicht. Ist genug dann, wenn wir nicht verhungern müssen? Oder erst dann, wenn wir uns alles leisten können, was wir haben möchten?

Wenn ein objektiver Maßstab fehlt, vergleichen Menschen sich mit anderen Menschen, die sie als sich selbst ähnlich empfinden. Keiner von uns Normalbürgern vergleicht seinen Lebensstandard mit dem von Mark Zuckerberg oder Rihanna. Wir schauen eher auf unsere Freunde, Nachbarn und Kollegen. Wenn wir finden, dass wir mit denen ganz gut mithalten können, sind wir zufrieden. Wir freuen uns, wenn es uns besser geht als ihnen. Und wir leiden darunter, wenn wir schlechter abschneiden.

Beispiel

»Meine Armut kotzt mich an«

war der Titel eines Beitrags, den eine Studentin namens Julia am 15.04.2008 bei Spiegel Online veröffentlichte. Darin schreibt sie:

»Ich gehe bei Aldi und Netto einkaufen, viele Produkte von Plus und Lidl sind einfach zu teuer. Die Einnahmen eines Minijobs gehen allein für die 300 Euro Miete meiner 32 Quadratmeter drauf. Meine Klamotten sind fast alle markenlos. Obwohl ich gern Adidas, Bench und Diesel bei mir im Schrank hängen hätte, rege ich mich oft über andere auf, die kleidungstechnisch aus diversen hippen Modezeitschriften stammen könnten. (...) In mir baut sich eine Aggression auf, die in letzter Zeit immer stärker wird. Das ständige Essengehen oder Brunchen am Sonntag reizt mich, und ich kann nicht erklären, wieso ich manchmal mit heftigen Worten reagiere. (...) Ich würde viel lieber meine Neigungen ausleben und mich von dem ganzen Arbeits- und Sozialstress mal erholen, eine Woche Urlaub machen. Keine Billig-Pauschaltour, sondern vielleicht nach Skandinavien, Wellness, Sauna und so weiter. Ohne dabei auf den Preis schauen zu müssen. Doch das sind Luftschlösser.«

Ja, wenn man sich immer mit Menschen vergleicht, die mehr Geld haben und sich mehr leisten können, wird man unzufrieden. Julia ist schlicht neidisch, weil andere das haben, was sie gern hätte. Aber mal objektiv gesehen: Sie hat eine eigene Wohnung, kann sich kleiden und ernähren und das Fach studieren, das sie interessiert. Dass es nicht für Markenklamotten, Essengehen und Wellnessurlaub reicht, mag sie manchmal ärgern. Wir finden sie deswegen aber weder arm noch bedauernswert. Sie könnte doch stolz darauf sein, ihr Leben trotz Studium komplett aus eigener Kraft finanzieren zu können.

Noch dazu, wo es für eine Studentin wie für einen Azubi doch Perspektiven gibt. Während des Studiums, der Ausbildung und Berufsanfangszeit verdient man halt nicht viel. Aber man sammelt das Wissen und die Erfahrung, die man braucht, um später an die besser bezahlten Jobs heranzukommen und sich einen gehobeneren Lebensstil leisten zu können.

Neidische Menschen werden dann auch nicht zufrieden sein. Wenn sie einen Opel fahren, hat der Nachbar vielleicht einen Mercedes, neben dem Reihenhäuschen steht eine Villa und so dreht sich die Neidspirale immer weiter.

Neid und Geld: ein (Alb-)Traumpaar

1998 führte der amerikanische Ökonom David Hemenway eine Befragung durch, deren Ergebnis für viel Aufsehen sorgte: Er fragte die Teilnehmer, was ihnen lieber wäre: 50.000 Dollar im Jahr verdienen, wenn alle anderen nur 25.000 Dollar bekommen? Oder 100.000 Dollar verdienen, wenn alle anderen 200.000 Dollar haben? Immerhin die Hälfte der Befragten entschied sich für die erste Variante. Ökonomisch sinnvoll ist das nicht: 50.000 Dollar sind weniger als 100.000 Dollar. Mit 100.000 Dollar können wir uns mehr leisten und müssten doch zufriedener sein. Wenn nur der Neid nicht wäre. Lieber verdienen wir weniger, stehen aber immer noch besser da als die anderen. Menschlich erfreulich ist das auch nicht.

Wie ist das mit Ihnen? Ganz ehrlich: Sind Sie zufrieden, wenn Sie sich das leisten können, was Sie zum Leben wirklich brauchen? Oder sind Sie erst zufrieden, wenn Sie all das haben, was andere haben? Dann werden Sie aller Voraussicht nach nie zufrieden sein. Schade eigentlich. Und unnötig.

Auf dem Forum www.studis-online.de wurde Ende Januar 2016 die Frage gestellt: »Mit wie viel Geld kommt ihr im Monat aus?« »DomTom« postete dazu am 10.02.2016 folgende Antwort:

Beispiel

»540 Euro abzüglich 180 Euro Miete und 80 Euro Krankenkasse. Also 280 Euro zum Leben. Komme damit ganz gut hin, solange es keine großen Zusatzausgaben gibt (...) feiern oder aber ins Kino gehe ich schon recht häufig.«

Es ist also doch auch eine Frage der Einstellung, ob man mit seinem Geld auskommt und wie man sich dabei fühlt. Das ist die positive Nachricht, denn: Über Ihre Einstellung entscheiden schließlich immer noch Sie selbst.

Übung 3

Konzentrieren Sie sich einmal bewusst auf die Dinge, die Sie haben, statt auf die, die Sie gern haben möchten. Nehmen Sie Ihre Besitztümer bewusst wahr. Was gefällt Ihnen an Ihrer Wohnung, an Ihren Möbeln, Klamotten und Ihrem Fahrrad oder Auto (falls Sie eines haben)? Schreiben Sie alles Positive auf, das Ihnen dazu einfällt – Negatives ist hier unerwünscht. Lesen Sie die Liste komplett durch. Das ist doch eine ganze Menge, oder?

Überlegen Sie, welche Dinge Sie gern tun und was Ihnen Spaß macht, das kein oder nur wenig Geld kostet. Wenn Sie einen Partner haben, beziehen Sie auch seine Ideen ein. Ein schönes Wannenbad, Teetrinken bei Kerzenlicht, ein langer Spaziergang, Joggen im Park ... schreiben Sie Ihre ganz persönliche Wohlfühlliste zum kleinen Preis. Sie werden sehen: Die Liste wird mit ein bisschen Nachdenken viel länger, als Sie gedacht hätten. Mit lauter Dingen, die Sie völlig unabhängig von Ihrem Geldbeutel genießen können. Ist das nicht ein gutes Gefühl?

Geld und Partnerschaft: Zwei Kulturen prallen aufeinander

»Du kannst über Liebe so romantisch denken, wie du willst; aber du sollst nicht romantisch sein, wenn es ums Geld geht.«
George Bernard Shaw

Oft ist der Auszug aus dem Elternhaus verbunden mit dem Zusammenziehen mit einem Partner. Der gemeinsame Alltag ist idealerweise der Einstieg in ein gemeinsames Leben. Über Geld reden Paare in dieser Phase nicht so gern.

Dabei ist der Beginn des gemeinsamen Lebens der beste Zeitpunkt, um Regeln für den Umgang mit den Finanzen aufzustellen. Schließlich gibt es hier höchst unterschiedliche Einstellungen und Verhaltensweisen. Was der eine für solide Sparsamkeit hält, ist für den anderen uncooler Geiz. »Ich bin großzügig und spontan«, sagt der eine – »verantwortungslos und verschwenderisch« findet es der Partner.

Je früher Sie sich darüber klar werden, welche finanzielle Basis Ihr gemeinsames Leben haben soll und wie Sie Geldangelegenheiten als Paar handhaben wollen, umso besser. Für Ihre Finanzen und für die Liebe. Über nichts wird in Beziehungen schließlich so oft gestritten wie über Geld.

Lieber unromantisch als unvernünftig

Gerade weil das Thema Geld so viel Sprengstoff für die Beziehung birgt, drücken wir uns gern vor entsprechenden Gesprächen und Regelungen. Man will ja nicht den Eindruck erwecken, als misstraue man dem anderen. Und in der Liebe will man doch nicht kleinlich sein, sondern ebenso großherzig wie großzügig.

Wir halten dagegen: Gerade weil Sie sich lieben, können und sollen Sie vertrauensvoll eine Regelung erarbeiten, die Sie beide zufriedenstellt. Sie wollen Ihre Liebe erhalten. Da ist es nur vernünftig, Konfliktherde gleich im Voraus zu entschärfen.

Ganz besonders gilt das natürlich, wenn Sie deutlich unterschiedliche Einstellungen und Verhaltensweisen im Umgang mit Geld haben. Auch wenn Sie diese in der allerersten Verliebtheit noch ignorieren können; früher oder später kommt es deswegen zum Streit. Vernünftige Liebende beugen deswegen vor.

Schaffen Sie von Anfang an klare Verhältnisse

Geldfragen lösen Sie sowieso am besten, solange Sie die Welt noch rosarot-verliebt sehen. Denn dann können Sie sie mit Liebe und gegenseitiger Achtung angehen. Wenn die Beziehung ins Schlingern gerät oder gar scheitert, wird Geld zum Zankapfel und zur Machtfrage. Dann eine einvernehmliche Lösung zu finden, ist viel schwieriger.

Am besten erstellen Sie gleich, wenn Sie zusammenziehen, eine Aufstellung Ihrer Besitztümer. Sie müssen nicht aufschreiben, wer welchen Kochlöffel und welchen Schraubenzieher mitbringt. Aber alles, was wertvoll und/oder Ihnen wichtig ist, sollten Sie auflisten.

Kommen im Laufe Ihrer Beziehung weitere Anschaffungen hinzu, sollten Sie ebenfalls festhalten, wer sie bezahlt hat bzw. ob sie gemeinsam finanziert wurden.

Jeder von uns hofft, dass diese Liste nie benötigt werden wird. Aber wenn es später doch zu einer Trennung kommt, erspart sie Ihnen viel Ärger und Kummer. Sie brauchen sich dann wenigstens nicht darum zu streiten, wem welcher Sessel gehört und wer den Fernseher mitnehmen darf. Und keiner wird sich über den Tisch gezogen fühlen.

Erwarten Sie keine Wunder

Sie haben beide Ihre individuellen Erfahrungen, Vorlieben und Gewohnheiten, die Ihren Umgang mit Geld prägen. Es ist unrealistisch zu erwarten, dass der andere sich nach kurzer Zeit Ihre Einstellung und Ihr Verhalten zu eigen macht. Oder wollen Sie etwa seine Einstellung und sein Verhalten eins zu eins übernehmen?

Völlige Harmonie in Geldfragen gibt es – wie in praktisch allen Beziehungsfragen – nur höchst selten. Sie ist auch gar nicht erforderlich. Zu lieben heißt auch, Respekt vor der Verschiedenheit des anderen zu haben. Im Prinzip kann deswegen in einer Paarbeziehung jeder mit seinem Geld machen, was er will – solange er die gemeinsam aufgestellten Regeln beachtet.

Unsere Empfehlung: Das Drei-Konten-Modell

Unabhängig davon, ob und wie viel Geld Sie beide verdienen: Jeder von Ihnen sollte sein eigenes Konto haben. Daneben brauchen Sie ein weiteres Konto, von dem die gemeinsamen Ausgaben wie Miete, Energie, Nahrungsmittel usw. bezahlt werden.

Dieses Konto richten Sie am besten als sogenanntes Oder-Konto ein. Das heißt: Sie oder Ihr Partner können jeweils allein davon Geld abheben oder Überweisungen tätigen. Es gibt auch die Variante eines Und-Kontos, über das Sie nur gemeinsam, also jeweils mit beiden Unterschriften, verfügen können. Das ist in der Praxis allerdings ziemlich umständlich. Auf Ihr eigenes Konto sollten nur Sie selbst Zugriff haben.

Auf das gemeinsame Konto zahlen Sie jeweils einen Teil Ihres Einkommens ein. Wenn Sie beide gleich viel verdienen, ist es nur gerecht, auch gleich viel zum gemeinsamen Konto beizusteuern. Bei ungleichen Verdiensten sollte jeder nach seinem Anteil am Haushaltseinkommen zum gemeinsamen Geld beitragen. Die erforderliche Summe für das gemeinsame Konto können

Sie leicht berechnen, wenn Sie Ihre Fixkosten für Miete, Versicherungen usw. zusammenrechnen und einen realistischen Betrag für Ihre sonstigen Ausgaben ansetzen. Besonders einfach zu errechnen ist das, wenn Sie ein Haushaltsbuch führen. Warum und wie Sie das am besten tun, lesen Sie in Kapitel 2.

Nach diesem Modell sind schon mal alle dringend notwendigen Ausgaben abgedeckt. Ideal wäre es, wenn beim gemeinsamen Geld auch noch Luft für einen gemeinsamen Notgroschen wäre, der für unvorhergesehene Reparaturen und Ersatzanschaffungen verwendet werden kann (mehr dazu lesen Sie in Kapitel 7).

Vom gemeinsamen Konto sollten Sie nur gemeinsame Ausgaben nach den gemeinsam ausgehandelten Regeln tätigen. Für andere Ausgaben ist dieses Geld tabu. Sein eigenes Geld auf seinem eigenen Konto darf dann jeder ausgeben oder sparen, wie er will. Das kostet zwar wahrscheinlich mehr Kontoführungsgebühren als nur ein gemeinsames Konto für das Paar. Aber es ermöglicht jedem einen gewissen finanziellen Freiraum, den jeder nach seinem Belieben nutzen kann und in dem er der Kontrolle des Partners entzogen ist. Das gibt Ihnen ein Stück Freiheit und erspart Ihnen so viele Streitereien, dass es die Mehrkosten bei der Kontoführung mehr als ausgleicht.

Tipp: Das Drei-Konten-Modell sollten Sie auch wählen, wenn nur ein Partner Geld verdient und der andere für Haushalt und gegebenenfalls Kindererziehung zuständig ist. Dann zahlt der Alleinverdiener eben einen gewissen Teil seines Einkommens als »Gehalt« für den »Haushaltsmanager« auf dessen eigenes Konto ein. Es ist viel besser für Ihr Leben als Paar, wenn ein Partner dem anderen nicht über jede persönliche Ausgabe Rechenschaft schuldig ist oder ihn gar um Geld bitten muss. Das untergräbt das Selbstwertgefühl und auf Dauer auch die Liebe.

Beim Geld hört die Freundschaft auf ...

... sagt ein Sprichwort, an dem viel Wahres dran ist. Verliehenes und dann nicht zurückerhaltenes Geld hat schon so manche Freundschaft ruiniert. Trotzdem tun wir uns schwer damit, einem Freund die Bitte um Geld abzuschlagen. Wie viel schwerer ist das dann erst in einer Liebesbeziehung.

Leider passiert es gar nicht so selten, dass ein Partner, aus welchen Gründen auch immer, über seine Verhältnisse gelebt hat bzw. es noch tut und Schulden mit in die Beziehung bringt oder während der Beziehung welche macht. Wenn Sie gemeinsam leben, können Sie sich davon gar nicht voll abgrenzen. Die Schulden Ihres Partners beeinflussen auch Ihr Leben.

Aber auch auf die Gefahr hin, schon wieder unromantisch zu sein: Seine Schulden sind nicht Ihre Schulden. Natürlich sollen Sie sich gegenseitig helfen und unterstützen. Und Sie werden sicher nicht bei jedem Pfund Butter nachrechnen, wer es nun bezahlen muss. Aber Sie sollten auch nicht Ihre Ersparnisse und Ihr Einkommen komplett für den Schuldendienst Ihres Partners hergeben und erst recht nicht für ihn bürgen (mehr zum Thema Bürgschaft lesen Sie in Kapitel 6 »Exkurs: Bitte keine Bürgschaften!«). Die Schuldnerforen im Internet sind voll von Geschichten, in denen ein Partner sich selbst praktisch ruiniert hat, um die Schulden des anderen zu begleichen. Dann ging die Beziehung in die Brüche, der Partner war weg – und das Geld auch. Diese Erfahrung sollten Sie sich ersparen.

Übrigens: Auch im Fall des verschuldeten Partners ist das Drei-Konten-Modell von Vorteil. Denn wenn Sie nur ein gemeinsames Konto haben, können die Gläubiger Ihres Partners darauf zugreifen. Wenn es gesperrt wird, sitzen Sie mit auf dem Trockenen. Haben Sie Ihr eigenes Konto und bei den nicht eingehaltenen Zahlungsverpflichtungen nicht mit unterschrieben, bleibt Ihr Konto dagegen vor dem Zugriff der Gläubiger Ihres Partners geschützt.

So wird Geld nicht zum Zankapfel in der WG

Eine Wohngemeinschaft ist keine Liebesbeziehung und grundsätzlich hat hier jeder sowieso sein eigenes Konto. Trotzdem wird hier auch ganz schön oft um Geld gestritten. Meist geht es darum, wer mehr vom gemeinsamen Gut verbraucht oder weniger als die anderen an Hausarbeit und/oder Geld eingebracht hat. Auch hier lässt sich Streit vermeiden, wenn Sie vorab ein eigenes WG-Konto einrichten und feste Regeln vereinbaren: Wer zahlt monatlich wie viel auf das Konto ein (alle gleich viel oder je nach Zimmergröße)? Was wird aus diesem gemeinsamen Topf außer der Miete bezahlt? Zum Beispiel auch Putzmittel, Toilettenpapier und Vorratsbasics wie Zucker, Gewürze und Öl? Sollen monatliche Einzahlungen für den durchschnittlichen Stromverbrauch getätigt werden? Wer weniger Geld als die anderen verdient, kann dafür auch zusätzliche Dienste übernehmen. Es muss eben nur ausgehandelt und so austariert werden, dass sich niemand übervorteilt fühlt bzw. niemand auf Kosten der anderen profitiert.

2. SÄULE: BEHALTEN SIE IMMER DEN ÜBERBLICK

Meist steht am Beginn einer Schuldenkarriere die mangelnde Übersicht über die Einnahmen und Ausgaben. Der erste Schritt zur finanziellen Selbstbestimmung ist daher immer ein Kassensturz.

Mal ganz ehrlich: Wissen Sie, wie viel Geld Ihnen jeden Monat zur freien Verfügung steht? Gut, die Höhe ihres Lohns kennen die meisten Menschen noch einigermaßen. Aber wie sieht es mit Ihren Ausgaben aus? Mit den Nebenkosten und Versicherungsbeiträgen? Was überweisen Sie an Vereine und für Abos an Netflix und Co.? Und wie viel geben Sie jeden Monat ungefähr für Lebensmittel oder Ihre Freizeitaktivitäten aus?

Die Basis des guten Wirtschaftens – und nichts anderes bedeutet es, wenn man sein Geld im Griff hat – ist ein genauer Überblick über die eigenen Einnahmen und Ausgaben sowie über Sparguthaben und Verbindlichkeiten, also Kredite und offene Rechnungen. Sonst leben Sie schnell über Ihre Verhältnisse und rutschen von Monat zu Monat tiefer in die Miesen. Besonders fatal ist, dass dies oft viel zu spät bemerkt wird.

Warum ist die Übersicht überhaupt so wichtig?

Die Möglichkeiten, sein Geld unter die Leute zu bringen, waren noch nie so vielfältig wie heute: ob bar, mit EC-Karte, per Paypal oder Kreditkarte beim Internetshopping oder auf Pump. Heute kaufen, in drei Monaten zahlen – es ist so einfach, Kredite zu bekommen, und so leicht, spontan die Dinge zu kaufen, die man sich wünscht. Warum sollte man sich da die Mühe machen, Finanzpläne zu erstellen und auf Anschaffungen zu sparen? Das klingt so spießig und öde.

Ganz einfach: Jeder noch so kleine Betrag, den Sie am Geldautomaten abheben oder auf unterschiedlichen Wegen bezahlen, geht früher oder später von Ihrem Konto runter, manchmal erst dann, wenn Sie schon längst vergessen haben, was Sie eigentlich gekauft hatten. Und wer dann keinen Überblick hat, welche Ausgaben er tätigt und welche Abbuchungen noch kommen, gerät schnell mit seinem Konto ins Minus – bei den hohen Dispo- und Überziehungszinsen ist das eine kostspielige Angelegenheit. Ist das Konto weit im Soll, kann es passieren, dass die Bank Lastschriften zurückgibt und Sie plötzlich so wichtige Posten wie Miete oder Strom nicht mehr bezahlen können (siehe Kapitel 2 und 3). Und irgendwann spuckt auch der Geldautomat nichts mehr aus, sodass Sie nicht einmal mehr etwas zu essen kaufen können!

Schulden sind gefährlich

Auch jeden Kredit, den Sie aufnehmen, müssen Sie irgendwann zurückzahlen, ganz gleich, ob es sich um eine Finanzierung bei einem Versandhaus, um einen Überziehungskredit bei Ihrer Bank oder um ein Privatdarlehen von einem Familienmitglied oder einem Freund handelt. Meist mit vielen Zinsen und Zinseszinsen. Kredite sind teuer (siehe Kapitel 6) und schränken durch die monatlichen Raten Ihren finanziellen Spielraum dauerhaft ein.

Im Extremfall verlieren Sie dadurch Ihre Unabhängigkeit in Geldfragen, wenn Sie die Gesamtsumme nicht zurückzahlen können. Denn es kann sehr unangenehm werden, wenn Geldgeber ihr Kapital nicht wiederbekommen oder wenn Sie offene Rechnungen nicht mehr bezahlen können. In beiden Fällen flattern Mahnungen mit entsprechenden Gebühren ins Haus, es folgen gerichtliche Mahnbescheide, der Gerichtsvollzieher steht vor der Tür, es kommt zu einer Pfändung Ihres Einkommens usw. Und plötzlich haben Sie schlaflose Nächte, weil Ihnen die Gläubiger im Nacken sitzen. Dann arbeiten Sie nur noch, um Ihre Schulden abzuzahlen.

Da ist es besser, etwas spießig zu sein, seine Einnahmen und Ausgaben zu notieren, zu kontrollieren und etwas zu sparen, statt auf Teufel komm raus zu konsumieren. So können Sie in finanziellen Fragen agieren, statt irgendwann nur noch zu reagieren.

Diese Vorteile bietet Ihnen eine Finanzübersicht

– Sie erkennen sofort, ob Ihre Einnahmen ausreichen, um Ihren jeweiligen Lebensstil zu finanzieren. Grundregel ist: Die Ausgaben dürfen die Einnahmen nicht übersteigen!

Tipp: Wenn Sie sehen, dass Sie dauerhaft zu wenig Geld zur Verfügung haben, müssen Sie JETZT SOFORT handeln! Sonst führt Ihr Weg unweigerlich in die Überschuldung. Tipps, wie Sie mit dem vorhandenen Geld besser auskommen, finden Sie in den folgenden Kapiteln. Wenn all diese Maßnahmen nicht ausreichen, sollten Sie baldmöglichst eine Schuldnerberatung aufsuchen. Achten Sie aber unbedingt darauf, dass Sie sich an einen seriösen Berater wenden, gerade in diesem Bereich tummeln sich viele Scharlatane, die Ihre Lage nur verschlimmern, statt sie zu verbessern. Gute Adressen bekommen Sie z. B. über die Verbraucherzentralen oder bei der Caritas.

- Sie sparen Geld. Eine Übersicht hilft, unnötige Ausgaben zu erkennen und zu stoppen. Das kann im Jahr durchaus ein paar Hundert Euro ausmachen!

- Sie können Prioritäten setzen. Wenn die Einnahmen-Ausgaben-Rechnung ergibt, dass das geliebte Hobby nur dann weiter betrieben werden kann, wenn Sie dafür an anderer Stelle sparen, fällt dieser Verzicht leichter.

- Sie entdecken womöglich finanzielle Reserven, die Sie für längerfristige Projekte nutzen können. Wer mithilfe seines Haushaltsbuchs erkennt, dass jeden Monat eine bestimmte Summe übrig bleibt, kann diese sinnvoll anlegen, statt sie auf dem laufenden Konto herumliegen zu lassen (siehe Kapitel 7).

- Sie vermeiden unsinnige, parallele Finanzaktionen. Oft finden sich in einem Haushalt gleichzeitig ein Sparbuch, das für den Sparer nur einen geringen Ertrag bringt, und ein Überziehungskredit mit hohen Zinszahlungen. Die Bank freut das sicher. Für Sie als Kunden ist das ein echtes Verlustgeschäft.

Einmal einrichten, dauerhaft nutzen

Wir wollen Ihnen nichts vormachen: Es bedeutet zunächst einmal Arbeit, sich diesen Überblick zu verschaffen, vor allem, wenn Sie womöglich bei null anfangen, die Unterlagen erst einmal zusammensuchen und abheften müssen.

Aber die Mühe lohnt sich. Im Anschluss haben Sie nicht nur Ordnung geschaffen und können jederzeit schnell auf wichtige Dokumente zugreifen. Sie werden dann auch eine Übersicht über Ihre Finanzen haben, die es Ihnen erlaubt, Ihre Ausgaben so zu steuern, dass das Geld nicht schon Mitte des Monats knapp wird. Und es wird von diesem Moment an leichter: Wenn Sie die nötigen Vorarbeiten einmal geleistet haben, geht es schnell, die Ausgaben zu notieren und Daten aktuell zu halten.

Listen Sie Ihre Einnahmen auf

Der erste Schritt zu mehr Übersicht ist vermutlich schnell erledigt. Erstellen Sie eine Liste all Ihrer Einnahmen. Grundsätzlich sollten Sie zu den festen Einnahmen nur jene Posten rechnen, die monatlich regelmäßig und dauerhaft kommen.

Was gehört zu den Einnahmen?

- Am wichtigsten ist sicher *das Gehalt oder der Lohn*. Dieser Posten wird in den meisten Fällen auch der größte bei den Einnahmen sein. Natürlich dürfen Sie hier nur den Nettobetrag notieren, denn nur dieser steht Ihnen für Ausgaben zur Verfügung. Wenn Sie womöglich eine Rente erhalten (z. B. eine Waisenrente), sollten Sie diese ebenfalls aufnehmen.

- Eine wichtige Rolle spielen in vielen Fällen die *Leistungen vom Staat*. Bei jungen Menschen ist das häufig z. B. das BAföG für Studenten oder die Berufsausbildungsbeihilfe (BAB) für Auszubildende. Andere beziehen Arbeitslosengeld, Sozialhilfe oder Wohngeld. Wer Kinder hat, bekommt Kindergeld und eventuell Erziehungsgeld.

Tipp: Informieren Sie sich rechtzeitig, ob Sie Anspruch auf Sozialleistungen haben. Viele der Leistungen sind nur wenig bekannt und nur im konkreten Einzelfall relevant. Hier kann ein Beratungsgespräch mit einer karitativen Einrichtung helfen.

- Gerade junge Menschen, die noch in der Ausbildung oder im Studium sind, erhalten oft *Unterstützung* von den Eltern oder Großeltern. Wenn dies regelmäßig geschieht, können Sie die Summen bei den Einnahmen eintragen. Drückt Ihnen aber die Oma gelegentlich mal einen 20-Euro-Schein in die Hand, sollten Sie nicht fest damit planen.

- Erhalten Sie für ein Kind oder für sich selbst *Unterhalt*, sollten Sie diesen Betrag in die Liste aufnehmen – vorausgesetzt, das Geld kommt regelmäßig.

- Eher selten ist es vermutlich, dass junge Menschen regelmäßige monatliche *Zins- oder Mieteinnahmen* haben. Aber auch das kann vorkommen, dann gehören diese Beträge mit auf die Liste der Monatseinnahmen.

Diese Summe steht Ihnen jeden Monat fest zur Verfügung. Hört sich zunächst ja nicht schlecht an, oder? Allerdings: Mit diesen Mitteln müssen Sie alle Ausgaben bestreiten, sowohl so zentrale Posten wie Miete, Energiekosten und Nahrungsmittel als auch »Nice-to-have«-Waren wie z. B. das teure Shampoo oder die neuen Markenschuhe, die Ihnen auf der Shoppingtour über den Weg laufen.

Planen Sie vorsichtig

Übrigens sind die Einnahmen nicht in Stein gemeißelt. Oft kommen ja noch Beträge hinzu, wie etwa ein Zuschlag für Überstunden, das Weihnachts- oder Urlaubsgeld, ein Geldgeschenk der Eltern oder Großeltern, Einnahmen aus Verkäufen bei Online-Auktionen und Flohmärkten, Steuerrückerstattungen oder Beitragsrückerstattungen von Versicherungen oder Krankenkassen.

Allerdings sollten Sie mit solchen unregelmäßigen und auch unzuverlässigen Zahlungen erst dann rechnen, wenn sie tatsächlich bei Ihnen eingegangen sind. In vielen Unternehmen ist z. B.

in den vergangenen Jahren das Weihnachtsgeld gesenkt oder ganz abgeschafft worden. Oder die Auftragslage verschlechterte sich so, dass keine Überstunden – und damit auch keine entsprechenden Vergütungen – mehr anfielen. Wer in solchen Momenten seinen Haushalt auf Kante genäht und fest mit diesen Einnahmen gerechnet hat, steht plötzlich vor einem Problem.

Tipp: Kalkulieren Sie Ihre Einnahmen immer sehr vorsichtig und zurückhaltend. Setzen Sie hier eher zu geringe als zu hohe Beträge an und freuen Sie sich, wenn Sie dann mehr zur Verfügung haben. Geben Sie das Geld erst dann aus, wenn es auch auf Ihrem Konto gutgeschrieben ist!

Übung 4

Wie gut kennen Sie Ihre Einnahmensituation?

Schätzen Sie zunächst einmal, wie viel Geld Ihnen pro Monat zur Verfügung steht.

Nehmen Sie anschließend Stift und Zettel zur Hand und schreiben Sie auf, mit wie viel Geld Sie jeden Monat rechnen können. (Sie können natürlich auch gleich eine Excel-Tabelle anlegen, die Sie im nächsten Schritt zum Haushaltsbuch ausbauen, oder Ihre Einnahmen in eine App eingeben, die Sie als Haushaltsbuch nutzen wollen).

Überprüfen Sie die Posten anschließend kritisch. Sind darunter welche, die nicht so sicher sind, wie Sie bisher angenommen haben? Planen Sie beispielsweise fest mit dem Weihnachtsgeld, obwohl es dem Unternehmen, in dem Sie arbeiten, gar nicht so gut geht?

Wie gut war Ihre Schätzung vom Anfang? Haben Sie eher mit mehr oder mit weniger Einkommen gerechnet?

Welche Ausgaben haben Sie?

Nun geht es an den aufwendigeren und unangenehmeren Teil: Sie müssen Ihre Ausgaben zusammenstellen. Dabei sollten Sie zwischen zwei verschiedenen Kostenarten unterscheiden: zwischen den fixen Kosten und den variablen Kosten.

Kontoauszüge helfen bei regelmäßigen Ausgaben

Fixe Kosten sind all jene Ausgaben, die immer wieder in regelmäßigen Abständen, etwa monatlich oder einmal im Quartal, anfallen und die in der Regel von Ihrem Konto abgebucht werden. Die Fixkosten sollten Sie grundsätzlich so gering wie möglich halten (siehe Kapitel 4).

Tipp: Nehmen Sie sich die Kontoauszüge des vergangenen Jahres vor und notieren Sie alle Abbuchungen, die regelmäßig anfallen. Sie sammeln Ihre Kontoauszüge nicht? Dann sollten Sie jetzt damit anfangen – nur so können Sie sich immer wieder einen Überblick verschaffen.

Was gehört zu den Fixkosten?

Der größte Posten der Fixkosten ist in der Regel die Wohnungsmiete, oft gefolgt von den Vorauszahlungen für Strom, Wasser und Gas an das Versorgungsunternehmen. Diese beiden sind auch gleichzeitig die wichtigsten festen Ausgaben! Egal wie knapp Sie bei Kasse sind, diesen Verpflichtungen sollten Sie immer zuerst nachkommen. Sonst sitzen Sie womöglich eines Tages in einer dunklen, kalten Wohnung – oder gar ganz auf der Straße.

Zu den fixen Kosten gehören weiterhin Ausgaben wie z. B.

- Versicherungsbeiträge,
- Raten für Kredite, z. B. Konsumentenkredite oder Rückzahlungen von Privatdarlehen oder Studienkrediten,
- Zahlungen für Spar- und Bausparverträge sowie eventuelle Kontoführungsgebühren,
- Kfz-Steuern, Beiträge zum Automobilclub, Monatskarten für die öffentlichen Verkehrsmittel,
- Grundgebühren für Telefon, Internet und Handy,
- Fernseh- und Rundfunkgebühren,
- Beiträge zu Vereinen oder Fitnessstudios,
- Kosten für Zeitungs-, Zeitschriften- und sonstige Abonnements sowie Streamingdienste.

Oft lassen sich solche Kosten nicht auf die Schnelle senken, denn ihnen liegen längerfristige Verträge zugrunde.

Tipp: Notieren Sie bei dieser Gelegenheit gleich, zu welchen Terminen Sie die Verträge auflösen können. Sehr häufig verlängern sich diese – und damit verbunden auch die Kosten – automatisch um ein Jahr, wenn Sie nicht zu einem bestimmten Termin kündigen. Am besten ist, Sie setzen in Ihrem Kalender ca. vier Wochen vor dem Kündigungstermin eine Erinnerung. Dann haben Sie genug Zeit, sich zu überlegen, ob Sie die Leistung noch nutzen und bezahlen wollen, ob diese eventuell an anderer Stelle preiswerter zu bekommen ist oder ob Sie in Zukunft ganz darauf verzichten wollen.

Nicht alle Fixkosten werden monatlich abgebucht. Wie Sie diese unregelmäßig anfallenden Zahlungen am besten in Ihre Aufstellung integrieren, erfahren Sie in Kapitel 3. Außerdem sollten Sie bei den festen monatlichen Ausgaben noch einen Posten »Rücklagen« vorsehen. Was sich genau dahinter verbirgt, lesen Sie ebenfalls in Kapitel 3.

Was bleibt nach Abzug der Fixkosten?

Wenn Sie von den Einnahmen Ihre Fixkosten abziehen, erhalten Sie den Betrag, den Sie für die laufende Lebenshaltung ausgeben können. Mit anderen Worten, diese Summe könnten Sie abheben und für alles Mögliche verwenden, ohne dass Ihr Konto unmittelbar ins Soll gerät.

Was sind variable Kosten?

Das schnelle Abheben und Ausgeben wäre aber ein sehr ungeordnetes und auch kurzsichtiges Verhalten, denn so ist immer noch nicht klar, wohin ein Großteil des Geldes fließt. Zudem ist ja nicht gesagt, dass diese verfügbare Summe ausreicht, um alle Ausgaben für Nahrungsmittel, Benzin oder Kleidung zu decken. Um einen echten Überblick zu bekommen, müssen Sie sich im dritten Schritt mit den variablen Kosten beschäftigen.

Variable Kosten treten in unterschiedlicher Höhe und unregelmäßig auf. Sie sind verbrauchsabhängig. Die wichtigsten Posten sind hier

- Lebensmittel, Essen außer Haus,
- Kosten für die Mobilität, also Benzin oder Einzelfahrkarten für Bus und Bahn,

- nutzungsabhängige Gebühren für das Handy oder Telefon,
- Reinigungsmittel und Hausrat,
- Kosmetika, Körperpflege- und Hygieneartikel,
- Ausgaben für Gesundheit, wie Medikamentenzuzahlungen oder frei verkäufliche Arzneimittel,
- Kleidung und Schuhe,
- Kosten für Freizeitbeschäftigungen und Hobbys,
- Geschenke an Freunde,
- Ausgaben für Haustiere, wie Tiernahrung oder Tierarzt.

Variable Kosten sind nicht unwichtig

Sie erkennen schon an den Auflistungen der beiden Kostenarten: Ob ein Posten zu den festen oder den veränderlichen Ausgaben gehört, sagt nichts darüber aus, wie wichtig er ist. Nahrungsmittel gehören mit Sicherheit zu den wichtigsten Ausgaben überhaupt, sie sind variabel. Dagegen fällt der regelmäßige Beitrag zu einem Fitnessstudio in die Fixkosten, ist aber – wenn Sie das Studio nicht nutzen oder aber Ihre Finanzen sehr knapp sind – überflüssig.

Auch lässt sich auf Basis der Unterteilung in Fix- und variable Kosten keine Aussage darüber treffen, wie groß das Einsparpotenzial jeweils ist. Sie können Ihre Haushaltskosten (variabel) sicher auf ein Minimum drücken, ganz werden Sie aber um den Kauf von Toilettenpapier und Waschmittel dauerhaft nicht herumkommen. Kündigen Sie dagegen das Netflix-Abo (fix), erzielen Sie mit Ablauf der Kündigungsfrist eine Einsparung von 100 Prozent, ohne dass Sie auf etwas essenziell Wichtiges verzichten müssen.

Sind Sie im Plus oder im Minus?

Erst wenn Sie von Ihren Einnahmen die Fixkosten und die variablen Kosten abgezogen haben, wissen Sie, ob Sie sich am Ende des Monats im Plus oder im Minus befinden. Im Idealfall sollte natürlich ein Überschuss bleiben. Dann ist es möglich, ein finanzielles Polster zu schaffen.

Zeigt sich jedoch ein deutliches Minus, ist verschärftes Sparen angesagt. Denn wenn es dauerhaft nicht möglich ist, einen ausgeglichenen Haushalt zu schaffen, schnappt früher oder später die Schuldenfalle zu.

Führen Sie ein Haushaltsbuch

»Ich habe nun einen Monat Haushaltsbuch geführt und bin doch um einige Erfahrungen reicher: Ich bin zufrieden mit unseren Ausgaben für Lebensmittel und Hygiene, aber total unzufrieden mit meinen sonstigen Ausgaben. Ich habe wirklich viel für ›Krimskrams‹ und Klamotten diesen Monat ausgegeben.«
Aprilbaby
(gepostet unter www.rund-ums-baby.de am 01.03.2013)

Was sich in der Theorie recht leicht anhört, nämlich die einzelnen Kosten aufzulisten, ist in der Praxis zunächst einmal gar nicht so einfach. Bei den Fixkosten helfen – wie schon gesehen – die Kontoauszüge der Vergangenheit. Aber wie sieht es bei den variablen Kosten aus? Wer weiß schon, wie viel Geld er für Lebensmittel im Monat ausgibt? Wie viel jeden Monat in Kneipen und Restaurants über den Tresen wandert? Und welcher Betrag für Benzin oder Busfahrkarten draufgeht? Die meisten Menschen können nicht einmal annähernd sagen, wie hoch ihre Ausgaben für die verschiedenen Bereiche jeweils sind.

Erfassen Sie Ihre individuellen Ausgaben

Um solchen Posten auf die Schliche zu kommen, müssen Sie ein Haushaltsbuch führen. Sonst sind Sie auf Schätzwerte angewiesen. Und die Erfahrung zeigt, dass dann in der Regel viel zu geringe Werte angesetzt werden.

Auch Durchschnittswerte, wie sie z. B. das Statistische Bundesamt veröffentlicht, helfen für Ihre individuelle Planung nicht weiter. Wenn Sie in einer Gegend mit hohen Lebenshaltungskosten leben, liegen Sie bei Ihren Ausgaben womöglich weit über den Durchschnittswerten, d. h., Sie planen mit geringeren Summen, als Sie in Realität ausgeben – das kann auf Dauer nicht gut gehen. Außerdem sind solche statistischen Berechnungen oftmals schon etwas älter, sodass Preissprünge, wie z. B. jene bei den Energiekosten, nicht oder nur teilweise berücksichtigt sind. Greifen Sie also besser selbst zu Stift und Zettel und notieren Sie Ihre persönlichen Ausgaben. Auch hier gilt: Nur der Anfang ist schwer! Ist das Haushaltsbuch erst einmal angelegt, wird es deutlich einfacher, vor allem, wenn Ihnen das tägliche Notieren schon in Fleisch und Blut übergegangen ist.

Diese Vorteile bietet Ihnen ein Haushaltsbuch

- Sie sehen schwarz auf weiß, wo Ihr Geld bleibt! Viele Menschen erkennen mithilfe ihres Haushaltsbuchs zum ersten Mal, wie viel sie tatsächlich für bestimmte Dinge ausgeben – und welche Summen dabei im Monat, im Vierteljahr oder im Jahr zusammenkommen. Ein Beispiel gefällig? Wer an jedem Arbeitstag auf dem Weg ins Büro oder in der Mittagspause einen Coffee-to-go für 3 Euro kauft, bezahlt dafür in der Woche 15 Euro und im Monat bei 20 Arbeitstagen 60 Euro! Im Jahr kommt dabei die gewaltige Summe von 720 Euro zusammen.

- Sie können für die einzelnen Bereiche Budgets erstellen. Haben Sie erst einmal eine Weile alle Ausgaben notiert, ist es möglich, die Durchschnittswerte auszurechnen und auf dieser Basis zu überlegen, welche Summe Sie zukünftig ausgeben möchten (mehr zum Thema Budgetplanung finden Sie in Kapitel 3).

- Sie behalten Ihre laufenden Ausgaben im Griff. Wenn Sie sehen, dass Sie schon in der ersten Monatshälfte sehr viel Geld ausgegeben haben, können Sie in der zweiten Monatshälfte gezielt sparen. Auf Deutsch: Ist das Budget für Lebensmittel eine Woche vor Monatsende aufgebraucht, müssen die Vorräte dran glauben, egal ob Sie darauf Appetit haben oder nicht (auch zum Thema Wochenpläne und Vorratshaltung finden Sie Tipps in Kapitel 3).

– Sie verschaffen sich einen besseren Überblick über die aktuellen Preise. Wer sich laufend mit seinen Ausgaben beschäftigt, erhält ein besseres Gespür dafür, ob ein Angebot tatsächlich so toll ist, wie die Werbung verspricht, oder ob es dieselbe Ware nicht ein Geschäft weiter regulär preiswerter gibt.

– Größere und auch kleine Sparerfolge werden sichtbar. Angenommen, Sie führen über einen längeren Zeitraum hinweg Ihr Haushaltsbuch und achten nun verstärkt darauf, preiswertere Kosmetikartikel zu kaufen. Der Vergleich mit älteren Aufzeichnungen zeigt Ihnen ganz genau, wie viel das bringt.

– Die Erfolge motivieren, denn Sie sehen nicht nur an den einzelnen Posten, was Sie gespart haben. Sobald Sie die Bilanz ziehen, können Sie sehen, dass aus den vielen kleinen Ersparnissen plötzlich richtig Geld geworden ist. Und damit wird plötzlich auch die Erfüllung größerer Wünsche realistisch.

Wie Sie ein Haushaltsbuch anlegen

Im Grunde genügen ein einfaches Heft und ein Stift, um ein Haushaltsbuch zu führen. Bequemer ist es allerdings, wenn Sie es im Computer anlegen oder eine App nutzen und diesen die Berechnungen überlassen.

Tipp: Vorlagen für Haushaltsbücher erhalten Sie kostenlos im Internet. Allerdings sollten Sie darauf achten, dass Sie diese Vorlagen auf Ihre individuellen Bedürfnisse anpassen können.

Auch kostenlose Apps für die Haushaltsführung gibt es viele, beispielsweise von den Sparkassen oder dem Verbraucherservice Bayern. Achten Sie bei Apps darauf, dass Sie nicht zu viele persönliche Daten an den Anbieter herausgeben. Wie viel Sie wo für eine neue Jeans ausgeben und auf welchem Wege Sie bezahlen, geht niemanden etwas an. Vermeiden Sie kostenpflichtige Apps oder solche, die mit In-App-Käufen arbeiten. Das ist in diesem Bereich völlig überflüssig und kostet nur Geld.

Die wichtigsten Kategorien, die Sie dabei anlegen und füllen sollten, finden Sie schon oben (siehe Kapitel 2) in der Auflistung, also Lebensmittel, Benzin etc. Wichtig ist dabei, dass Sie die Kategorien nicht zu weit fassen, sonst sehen Sie nicht, an welchen Stellen Einsparpotenziale schlummern. So ist es sinnvoll, z. B. die Ausgaben für Süßigkeiten und Knabbereien gesondert aufzuführen, statt sie unter den Lebensmitteln aufzunehmen. Auf sie kann eher verzichtet werden als auf Milch, Obst und Gemüse. Gleiches gilt für alkoholische Getränke und Softdrinks. Auch das Essen außer Haus, etwa in der Kantine, der Mensa oder im Restaurant gehört nicht zu den Lebensmittelkosten, sondern bildet eine eigene Rubrik. Wie detailliert Sie hierbei vorgehen möchten, hängt auch von Ihrem Sparziel und Ihrer Disziplin ab.

Tipp: Je mehr Sie einsparen wollen oder auch müssen, desto detaillierter sollte Ihr Haushaltsbuch sein – so fallen ungewöhnliche und verzichtbare Posten schneller auf.

Wie Sie die Rubriken füllen

Im Haushaltsbuch erfassen Sie alle laufenden Ausgaben, ganz gleich, ob Sie diese bar, per Karte, per Paypal oder per Überweisung bezahlen. Die Kosten sollten Sie auf die einzelnen Bereiche aufteilen. Das bedeutet, dass Sie einen Kassenzettel daraufhin durchforsten müssen, ob Sie in einem Geschäft sowohl Milch (Lebensmittel), Shampoo (Kosmetik und Körperpflege) und Spülmittel (Haushalt) gekauft haben. Die jeweiligen Beträge müssen Sie dann in die richtigen Spalten eintragen.

Tipp: Viele Menschen teilen ihr Haushaltsbuch danach ein, in welchen Geschäften sie das Geld gelassen haben. Die Rubriken lauten dann z. B. Aldi, Edeka, Karstadt usw. Das ist natürlich für das Eintragen sehr übersichtlich und bequem. Unserer Meinung nach ist es aber nur wenig sinnvoll. Denn auch wenn so klar ist, wo das Geld geblieben ist, wird doch nicht deutlich, wofür es ausgegeben wurde. Hohe Ausgaben z. B. für Chips und Bier gehen dann einfach unter. WOFÜR Sie das Geld ausgeben, ist zunächst einmal die entscheidende Information, wenn es darum geht, Einsparpotenziale zu finden.

Tipps zum Führen eines Haushaltsbuchs

- Schreiben Sie Ihre Ausgaben kontinuierlich auf. Am besten ist es, wenn Sie sich an jedem Abend ein paar Minuten nehmen, um alles in die Tabelle einzutragen. Zum einen sind die Notizen dann schnell erledigt und zum anderen ist so eher gewährleistet, dass Sie auch alle Posten aufführen. Je mehr Zeit zwischen der Ausgabe und dem Eintrag in das Haushaltsbuch vergeht, desto höher ist das Risiko, dass Sie etwas vergessen.

- Lassen Sie sich Belege geben. Der einfachste Weg, alle Ausgaben sicher zu erfassen, ist, sich überall – also auch bei der Post, im Zeitschriftenhandel oder an der Tankstelle – Kassenbons geben zu lassen und die Angaben davon nur noch abzuschreiben. Wenn Sie zusätzlich noch etwas bezahlen, sollten Sie den Betrag unterwegs kurz auf einem der Kassenzettel vermerken, so geht auch er nicht verloren.

- Schummeln verboten! Das Haushaltsbuch bringt nur dann etwas, wenn es vollständig ist. Deshalb sollten Sie tatsächlich möglichst jede Ausgabe aufführen und nicht einfach einen Posten unter den Tisch fallen lassen, weil der Ihnen vielleicht unangenehm ist. Übrigens bringt Mogeln auch nichts. Selbst wenn die Ausgabe nicht im Haushaltsbuch steht – das Geld ist trotzdem weg. Sie können jeden Euro nur einmal ausgeben!

- Als Paar müssen Sie an einem Strang ziehen. Wenn Sie ein Haushaltsbuch führen wollen, ist es wichtig, dass auch wirklich alle Ausgaben erfasst werden. Wenn ein Partner nicht mitzieht, wird es schwierig.

Tipp: Wenn Sie als Paar ein Haushaltsbuch führen, ist es sinnvoll, jedem Partner eine bestimme Summe zuzuweisen, deren Verwendung nicht im Haushaltsbuch auftaucht. Sonst kommt schnell das Gefühl von Kontrolle auf. Außerdem wird es anderenfalls schwierig, den anderen z. B. mit Geburtstags- oder Weihnachtsgeschenken zu überraschen ...

- Seien Sie ehrlich zu sich selbst. Auch wenn die Zigaretten auf der Tankstellenrechnung stehen, gehören sie nicht zu den Kosten für Mobilität.

– Seien Sie anfangs nicht zu ehrgeizig. Natürlich ist es möglich, die Ausgaben bis ins Detail zu entschlüsseln und so herauszufinden, wie viel Liter Milch Sie im Jahr verbrauchen. Das ist aber für die meisten Zwecke viel zu aufwendig – gerade am Anfang. Besser ist es, sich erst einmal einen generellen Überblick zu verschaffen. Wenn Ihnen die Kosten in einem Bereich deutlich zu hoch erscheinen, können Sie sie immer noch unter besondere Beobachtung stellen.

Interview mit Elke Wieczorek, stellvertretende Präsidentin des Deutschen Hausfrauen-Bundes

Frau Wieczorek, was sind denn die größten Vorteile, die ein Haushaltsbuch bietet?

Mit einem Haushaltsbuch erhalte ich eine Übersicht über meine Ausgaben. Welches sind die größten Posten? Die werde ich – wenn ich sparen will – meist als Erstes anfassen, z. B.: Ist meine Miete meinem Gehalt angemessen? Oder beim Auto: Wenn ich hier sehr hohe Kosten habe, sollte ich mich fragen, ob ich nicht besser mit dem öffentlichen Nahverkehr fahre. Oder ob nicht ein anderes, kleineres Auto sinnvoller wäre. Kurz gesagt verrät mir mein Haushaltsbuch: Wo bleibt mein Geld?

Wie groß ist der Aufwand, um ein Haushaltsbuch zu führen?

Am Anfang ist es gewöhnungsbedürftig. Da gilt es, Belege zu sammeln, Kassenbons mitzunehmen und alles zeitnah aufzuschreiben. Außerdem müssen die Posten ja aufgesplittet werden. Wichtig ist, Lebensmittel, Außer-Haus-Verpflegung, Bekleidung, Mobilität usw. jeweils einzeln zu erfassen. Wenn man jedoch eine gewisse Routine entwickelt hat, ist der Zeitaufwand nur gering und man kann schon im Laufe eines Monats gegensteuern, falls die Kosten »aus dem Ruder laufen«.

Welche weiteren Kosten sollten Haushaltsgründer noch aufführen?

Gerade bei jungen Leuten sind noch andere Kosten relevant, z. B. das Auto, Unterhaltungselektronik, Handy – Telekommunikationskosten im Allgemeinen. Da gilt es, Gewohnheiten zu hinterfragen, und die Daten aus dem Haushaltsbuch helfen dabei. Auch Bekleidung kann – je nach Einstellung – wichtig sein. Dazu kommt noch Freizeit, etwa das Fitnessstudio. Das summiert sich.

Wie groß schätzen Sie denn das Einsparpotenzial, das sich durch ein Haushaltsbuch ergibt?

Das ist natürlich individuell sehr verschieden. Aber realistisch sind ungefähr 15 bis 20 Prozent Einsparungen bei den Gesamtausgaben. Voraussetzung ist, dass mithilfe des Haushaltsbuchs Sparmaßnahmen erarbeitet werden. Da ist es z. B. sinnvoll, einen Familien- oder Partnerschaftsrat einzuberufen. Alle schauen sich gemeinsam die Auflistung an und machen Vorschläge, wo gespart werden kann. Jeder muss auf irgendetwas verzichten.

Wo lässt sich denn in der Regel am meisten einsparen?

Bei den Lebensmitteln ergeben sich – je nachdem, wie sich jemand bisher ernährt hat – meist viele Möglichkeiten. So ist es sinnvoll, Convenience-Food, also Fertigmahlzeiten, zu ersetzen und mehr selbst zu kochen. Hier lässt sich viel einsparen. Gleiches gilt auch für die Außer-Haus-Verpflegung. Wer ein belegtes Brot oder Brötchen von zu Hause mitnimmt, zahlt dafür nur ungefähr die Hälfte wie beim Bäcker. Der Rest vom Abendessen des Vortags lässt sich sehr gut mit ins Büro nehmen. Lebensmittelreste, die in der Mülltonne landen, kann man schon durch planvolles Einkaufen und richtiges Lagern verhindern. Ein »Restetag« in der Woche sorgt ebenfalls dafür, dass Lebensmittel nicht verschwendet werden. Ebenfalls wichtig sind die Energiekosten. Wer seine erste Wohnung bezieht, kauft sich ja häufig gebrauchte Geräte, z. B. Kühlschränke oder Waschmaschinen. Die verbrauchen allerdings teilweise dreimal so viel Strom wie neue, energiesparende Geräte. Wenn man das alte Gerät geschenkt bekommt, mag die Rechnung gerade noch aufgehen, wenn man es kauft, allerdings nicht mehr. Dann ist es preiswerter, ein Neugerät mit einer hohen Energieeffizienzklasse zu kaufen.

Was ist aus Ihrer Sicht der wichtigste Aspekt, wenn jemand ein Haushaltsbuch führen will?

Konsequenz! Mindestens ein halbes Jahr lang sollte man schon seine Ausgaben notieren, sonst sind die Ergebnisse nicht aussagekräftig. Und man darf sich nicht selbst in die eigene Tasche lügen.

Übung 5

Sammeln Sie einmal die Kassenbons von einer Woche und notieren Sie alle weiteren Ausgaben. Zählen Sie dann am Ende der Woche nach: In wie vielen Geschäften haben Sie insgesamt Lebensmittel gekauft? Vergessen Sie dabei Bäckereien, Metzgereien und den Besuch auf dem Markt oder beim türkischen Obst- und Gemüsehändler nicht. Welche Posten hatten Sie in dieser einen Woche schon wieder vergessen? Welche Summe kommt dabei zusammen?

Rücklagen und Verbindlichkeiten

Zur Übersicht gehört es auch, die Verbindlichkeiten und die Rücklagen, die vorhanden sind, aufzulisten.

Welche Rücklagen sind vorhanden?

Rücklagen sind Geld, das Sie zur Seite gelegt, also gespart haben – oder vielleicht jemand anderes für Sie zurückgelegt hat. Der Klassiker ist das Sparbuch, das aber durch die extrem niedrigen Zinsen sehr unattraktiv ist. Häufig ist das Geld auf Tagesgeldkonten gewandert, allerdings sind auch hier keine hohen Zinsen mehr zu erwarten. Daneben gibt es eine ganze Reihe verschiedener Anlagen: Sparbriefe und Sparpläne, die gern von den Großeltern für die Enkel angeschafft werden, die sogenannten vermögenswirksamen Leistungen, auf die Arbeitnehmer oft Anspruch haben, oder ein kleines Depot, in dem Aktien, Anleihen, Bundesschatzbriefe, Fonds oder andere Wertpapiere liegen.

Oft herrscht hier ein großes Durcheinander! Nicht nur, dass der Überblick darüber fehlt, was alles vorhanden ist, alle Anlagen laufen zu eigenen Bedingungen, haben verschiedene Fälligkeiten und bringen unterschiedliche Erträge. Mehr über Anlagen erfahren Sie in Kapitel 7.

Um hier Ordnung zu schaffen, sollten Sie alle Rücklagen auflisten. Die wichtigsten Daten sind: die Bank, bei der die Anlage liegt, Konto- oder Depotnummer, Betrag, gegebenenfalls Verzinsung und die Fälligkeit und Höhe des Freistellungsauftrags, der erteilt wurde.

Tipp: Auch Geld, das Sie selbst verliehen haben, zählt zu den Rücklagen. Nach Möglichkeit sollten Sie überhaupt kein Geld verleihen, das bringt im Zweifelsfall nur Ärger. Wenn Sie es doch tun, bestehen Sie zumindest auf einer schriftlichen Vereinbarung, in der festgehalten wird, wie hoch die Summe ist, die Sie verleihen, und bis wann Sie Ihr Geld spätestens zurückbekommen. Wenn Sie selbst in Geldnöten stecken, scheuen Sie sich nicht, Ihr Geld bei den Schuldnern wieder einzufordern.

Welche Verbindlichkeiten bestehen?

Die gleiche Aufstellung sollten Sie anschließend auch für Ihre Schulden machen. Wer bekommt noch Geld von Ihnen? Zu den Verbindlichkeiten gehören nicht nur Ratenkredite bei Banken oder die Finanzierung einer Ware über den Händler. Offene Rechnungen müssen Sie ebenso aufführen wie den Dispokredit oder die geduldete Überziehung auf dem laufenden Konto.

Auch bei den Verbindlichkeiten ist es sinnvoll, die Grunddaten zu notieren: Wo haben Sie die Schulden? In welcher Höhe? Welche Vereinbarung für die Rückzahlung besteht? Wann sind die Raten fällig? In welcher Höhe? Wann ist der Kredit abbezahlt? Welche Zinsen fallen an? Haben Gläubiger womöglich schon Mahnungen geschrieben oder gar weitere Schritte zum Geldeintreiben unternommen?

Bauen Sie Verbindlichkeiten so schnell wie möglich ab

Wenn Sie Verbindlichkeiten haben, sollten Sie sich bemühen, diese baldmöglichst abzubauen, denn Schulden sind teuer. Oft kommt es vor, dass zugleich Sparbücher bestehen und das laufende Konto, das sogenannte Kontokorrentkonto oder Girokonto, überzogen ist. Dadurch entsteht ein sehr ungünstiges Zinsverhältnis. Sie zahlen hohe Sollzinsen, erhalten aber gleichzeitig nur sehr geringe oder gar keine Habenzinsen.

Dabei gilt es, beim Girokonto zwischen dem Dispokredit und der Kontoüberziehung zu unterscheiden. Einen Dispokredit räumt die Bank meist dann ihren Kunden ein, wenn ein regelmäßiger Geldeingang zu verzeichnen ist. Wenn Sie von Ihrer Bank also einen Disporahmen von 500 Euro erhalten, schrillen dort nicht gleich alle Alarmglocken, wenn Sie mit 100 Euro ins Soll rutschen. Wenn Sie über diese eingeräumte Kreditlinie hinaus ins Minus geraten, handelt es sich um eine Kontoüberziehung. Die macht nicht nur die Bank nervös, sie ist auch in den meisten Fällen teuer. Denn die Zinssätze für eine Kontoüberziehung sind bei vielen Banken sehr hoch – teilweise liegen sie 3 bis 5 Prozentpunkte über den ohnehin hohen Zinssätzen für den Dispokredit.

Wenn das laufende Konto dauerhaft und sehr weit im Soll ist, sollten Sie über eine Umschuldung in einen Ratenkredit nachdenken (mehr über Dispo- und Ratenkredit lesen Sie in Kapitel 6). Allerdings lauern hier oft genug Fallen. Kreditinstitute nehmen z. B. Gebühren für die Umschuldung oder verlangen den Abschluss von zusätzlichen Versicherungen. Deshalb ist es wichtig, sich gründlich beraten zu lassen, und zwar nicht nur von den Banken selbst, sondern von einer neutralen Stelle wie den Verbraucherzentralen.

Tipp: Mit Schulden ist nicht zu spaßen. Wenn Sie den Eindruck haben, dass Sie mit diesem Vorgang überfordert sind und Ihre Verbindlichkeiten allein nicht in den Griff bekommen, sollten Sie zu einer seriösen Schuldnerberatung gehen. Auch hier können Ihnen die Verbraucherzentralen weiterhelfen.

Das Konto überzogen – welche Folgen drohen?

Ein Konto ist wesentlich, um am wirtschaftlichen Leben teilzunehmen. Hierher werden Lohn und Gehalt überwiesen sowie Miete und Nebenkosten usw. abgebucht. Sehr viele Menschen nutzen ihr Konto aber als eine Art Dauerkredit und leben beständig auf Pump. Sie geraten also mit ihrem laufenden Konto regelmäßig in die roten Zahlen oder können ihren Dispo- und Überziehungskredit selbst durch den Gehaltseingang nicht mehr ausgleichen (siehe Kapitel 6). Wenn das Kontokorrentkonto dauerhaft überzogen ist – womöglich auch noch über den Disporahmen hinaus –, kann das eine ganz Kette unangenehmer bis verheerender Folgen haben.

– In der Regel beginnen die Banken in solchen Fällen damit, Lastschriften zurückzugeben. Das kann z. B. bedeuten, dass Ihr Vermieter sein Geld nicht mehr bekommt. Zwar darf Ihnen Ihre Bank für diese Rücklastschrift keine Gebühren berechnen (auch wenn Banken dies gern immer wieder mal probieren), allerdings ist das Kreditinstitut Ihres Vermieters dazu berechtigt, diesem wiederum den Vorgang in Rechnung zu stellen. Und mit großer Wahrscheinlichkeit wird Ihr Vermieter die erhöhten Gebühren Ihnen aufs Auge drücken und Schadensersatz fordern.

– Auch eine Bank verschickt Mahnungen – nämlich solche, die zur Rückführung des Kontos entweder in die genehmigte Kreditlinie oder zurück zur Guthabenbasis auffordern. Wann sie das tut, ist ganz unterschiedlich. Das Recht dazu hat sie allerdings. Sie muss auch nicht begründen, warum sie z. B. den Dispo streicht. Es gibt kein Recht auf einen Kredit.

– Tritt keine Besserung ein, sperrt Ihnen die Bank Ihr Konto und behält die EC-Karte oder Kreditkarte ein, wenn Sie sie in den Geldautomaten stecken. Statt Bares erhalten Sie dann die Aufforderung, sich bei Ihrem Sachbearbeiter in Ihrer Filiale zu melden.

Tipp: Auch wenn das Vorgehen der Bank in solchen Fällen hart klingt und bei den Betroffenen naturgemäß auf wenig Gegenliebe stößt: Im Grunde ist es von Vorteil, wenn bei einem stark überzogenen Konto die Verfügungsmöglichkeiten eingeschränkt werden. Denn sonst sind der Verschuldung keine Grenzen gesetzt. Besser ist es, das Gespräch mit der Bank zu suchen und das Konto ins Plus zurückzuführen. Und anschließend auf Überziehungen möglichst ganz zu verzichten.

- Überweisungen und Abbuchungen werden nicht mehr ausgeführt. Auszahlungen muss die Bank auch nicht mehr vornehmen, z. B. wenn Ihr Gehalt eingegangen ist, aber das Konto sich noch immer im Soll befindet. Ausnahmen gelten nur für Sozialleistungen innerhalb der ersten sieben Tage, nachdem sie auf Ihrem Konto eingegangen sind. Spätestens jetzt kann es sogar zum Problem werden, sich Lebensmittel zu kaufen.

- Die Bank kann das Konto mit einer Frist von sechs Wochen kündigen, wenn Sie mehrfach ungenehmigt Ihren Kreditrahmen überziehen. Damit kann die Bank die gesamte Summe, mit der Sie bei ihr mit Ihrem Dispo und dem bis dahin geduldeten Überziehungskredit im Soll stehen, auf einen Schlag zurückfordern. Dafür muss sie nur eine Angemessenheitsprüfung durchführen.

- Häufig findet noch eine Meldung an die Schufa statt, z. B. bei einer missbräuchlichen Benutzung der EC-Karte oder bei einer Kreditkündigung. Als missbräuchlicher Gebrauch der EC-Karte gilt es beispielsweise, wenn Sie im Laden mit der Karte bezahlen, obwohl Sie wissen (müssten), dass Ihr Konto nichts mehr hergibt. Ein negativer Eintrag in der Schufa kann bedeuten, dass Sie weder einen Kredit bekommen noch einen neuen Handyvertrag – und das dauerhaft, bis der Negativeintrag wieder gelöscht wird (mehr zur Schufa lesen Sie in Kapitel 6).

- Auch ein neues Konto bei einer anderen Bank zu bekommen, kann zu einem Problem werden. Nach EU-Recht sind die Banken dazu verpflichtet, jedem Antragsteller zumindest ein Konto auf Guthabenbasis, das sogenannte Jedermann-Konto oder Basiskonto, einzurichten. Dieses Konto kann nicht ins Soll geraten, da sofort jede Abbuchung oder Überweisung, die zur Überziehung führt, zurückgewiesen wird. Außerdem dürfen die Banken nur angemessene Entgelte erheben und das Konto nur in Ausnahmefällen kündigen. Sollte sich eine Bank trotz dieser Vorschriften weigern, ein Konto zu eröffnen, gibt es die Möglichkeit, eine Schlichtungsstelle anzurufen.

Wenn Ihre Bankbeziehung schon so zerrüttet ist, sollten Sie sich in jedem Fall mit einem Schuldnerberater zusammensetzen und gemeinsam mit ihm und der Bank beratschlagen, wie Sie Ihr Konto wieder auf die Guthabenbasis zurückführen. Und sind Sie erst mal aus dem Soll raus, ist es sinnvoll, sich nur einen winzigen Dispokredit, z. B. 100 Euro, einräumen zu lassen. Dann kommen Sie nicht in die Gefahr, das Konto weiterhin als stille Kreditreserve zu benutzen. Geraten Sie mit ein paar Euro ins Soll, gleichen Sie sie zukünftig schnellstmöglich wieder aus. Schließlich wollen Sie den Banken ja kein Geld in den Rachen werfen.

Tipp: Wer noch mit der EC- oder der Kreditkarte z. B. im Internet shoppen geht, obwohl er schon weiß, dass er die gekaufte Ware nicht bezahlen kann und die Abbuchung zurückgewiesen wird, begeht rein rechtlich gesehen Betrug! Damit riskieren Sie sogar eine Anzeige durch die Händler.

Übung 6

Wie gehen Sie mit Ihrem Girokonto um? Nehmen Sie einmal Ihre Kontoauszüge der letzten drei Monate zur Hand. Waren Sie zwischenzeitlich im Soll? Wenn ja: Wie viele Tage? Waren Sie häufiger im Soll oder im Haben mit Ihrem Konto? Mit welchen Summen waren Sie jeweils im Soll und im Haben – welcher Posten überwiegt? Wie leicht oder schwer fällt es Ihnen, ein überzogenes Konto wieder auszugleichen: Können Sie locker Geld von einem anderen Konto überweisen oder müssen Sie auf den Gehaltseingang warten?

Was machen Sie mit den Unterlagen?

Wenn Sie diesen Abschnitt bearbeitet haben, haben Sie sich vermutlich durch einen ganzen Stapel Unterlagen gewühlt: angefangen von den täglichen Kassenzetteln für das Haushaltsbuch bis hin zu Kreditverträgen. Da stellt sich die Frage, wie Sie die Unterlagen am besten ablegen, um die schöne Ordnung beizubehalten. Sie alle in eine Schublade zu werfen, ist sicher eine bequeme Lösung – allerdings nur bis zu dem Moment, in dem Sie etwas Bestimmtes suchen.

Was aufheben, was wegwerfen?

In der Regel sind Privatleute nicht verpflichtet, Unterlagen aufzubewahren. Eine wichtige Ausnahme sind Handwerkerrechnungen. Hier hat der Gesetzgeber festgelegt, dass auch private Auftraggeber die Unterlagen für zwei Jahre aufbewahren müssen. Damit soll Schwarzarbeit verhindert werden.

Allerdings ist es sinnvoll, auch andere relevante Verträge abzuheften und nicht gleich wegzuwerfen. Das gilt für Arbeits- und Mietverträge ebenso wie für Kreditvereinbarungen und Abschlüsse von Geldanlagen.

Tipp: Am besten ist, Sie legen sich für alle wichtigen Bereiche Ordner an. Diese könnten Sie z. B. mit »Wohnung«, »Auto«, »Arbeit«, »Kredite und Anlage«, »Garantien und Gebrauchsanleitungen« usw. beschriften. Einen guten Überblick behalten Sie, wenn Sie eine Art Inhaltsverzeichnis in den Ordnern abheften. Dann sehen Sie gleich beim Aufschlagen, ob sich der Kreditvertrag für das Auto nun im Ordner »Auto« oder im Ordner »Kredite« befindet.

- Grundsätzlich sollten Sie alle Unterlagen so lange aufheben, wie diese noch relevant sein könnten. Dann können Sie bei Streitigkeiten Ihre Position beweisen und sind nicht darauf angewiesen, dass die gegnerische Partei Ihnen Informationen zur Verfügung stellt. Das heißt, einen Kreditvertrag sollten Sie erst entsorgen, wenn der Kredit restlos abbezahlt ist und Sie eine entsprechende Bestätigung in der Hand halten. Ein Sparbuch stellt rechtlich gesehen sogar eine Urkunde dar, ohne die Sie nicht an Ihr Geld kommen. Wenn Sie sie verlieren, muss sie neu ausgestellt werden – wofür in der Regel Gebühren anfallen. Arbeitsverträge sollten Sie aufheben, bis die Rentenansprüche daraus von der Rentenversicherung bestätigt wurden.

- Bankauszüge dienen Ihnen im Zweifelsfall als Beweis, dass Sie eine bestimmte Forderung tatsächlich beglichen haben. Deshalb ist es sinnvoll, sie über einen längeren Zeitraum hinweg aufzubewahren. Wir empfehlen mindestens zwei, besser zehn Jahre. Wenn dann irgendwann aus einem laufenden Vertrag Forderungen auf Sie zukommen, die eigentlich schon lange zurückliegen, können Sie Ihre Zahlung jederzeit nachweisen.

- Vertragsunterlagen, z. B. über die Mitgliedschaft in einem Fitnessclub, heben Sie so lange auf, wie der Vertrag selbst läuft. Wenn Sie ihn kündigen, sollten Sie sich dies zum einen schriftlich bestätigen lassen und diese Bestätigung wiederum mindestens ein Jahr aufbewahren. Wenn dann womöglich noch mal »versehentlich« der Mitgliedsbeitrag abgebucht wird, haben Sie etwas in der Hand, um dem einen Riegel vorzuschieben.

- Unterlagen, die zu einer Garantie führen, sollten Sie aufheben, solange Sie einen Garantieanspruch haben, das sind in der Regel zwei Jahre. Dazu gehören normale Kassenbons und Rechnungen.

Tipp: Heben Sie solche Dokumente lieber zu lange als zu kurz auf. Wegwerfen können Sie sie immer noch. Bewährt hat es sich, die Unterlagen, von denen Sie denken, dass Sie sie entsorgen können, auszusortieren und nochmals ein, zwei Jahre z. B. im Keller zu lagern. Wenn Sie sie dann nicht noch mal gebraucht haben, können Sie sie ins Altpapier werfen.

Übrigens: Zahlreiche Unterlagen enthalten höchst sensible Daten. Vermutlich wollen Sie nicht, dass jeder oder jede die Höhe Ihres Gehalts oder die Rückführungsvereinbarung für einen Ihrer Ratenkredite lesen kann. Deshalb sollten Sie die Unterlagen durch den Reißwolf schicken oder gründlich zerreißen, bevor sie im Container landen.

Was tun mit dem Kassenbon?

Haben Sie mit der EC- oder Kreditkarte bezahlt, ist es sinnvoll, die Belege bei den Bankauszügen abzuheften. So behalten Sie zum einen selbst die Übersicht, welche Posten wann vom Konto runtergehen. Zum anderen können Sie die Richtigkeit der Abbuchung überprüfen.

Auch Belege für Kleidungs- und Schuhkäufe sollten Sie eine Weile aufheben. Dann können Sie die eingelaufene Hose oder die fehlerhafte Blusennaht leichter reklamieren.

Anders sieht es dagegen bei vielen anderen Kassenbons aus. Wenn darauf nur die normalen Einkäufe wie Lebensmittel oder Haushaltswaren stehen und Sie bar bezahlt haben, können Sie die Zettel wegwerfen, sobald Sie die Summen in das Haushaltsbuch eingetragen haben.

Wir haben Ihnen einmal ein Muster für ein Haushaltsbuch mit Einnahmen und Ausgaben erstellt. Passen Sie die einzelnen Kategorien an Ihre Bedürfnisse an:

Einnahmen
Lohn/Gehalt
Nettoeinkommen
Rente
Leistungen vom Staat
Arbeitslosengeld
BAföG oder BAB
Sozialhilfe
Wohngeld
Kindergeld
Erziehungsgeld
Sonstiges
Regelmäßige Unterstützung aus der Familie
Unterhaltszahlung
Mieteinnahmen
Zinseinnahmen
…
…
Summe der monatlichen Einnahmen

Fixkosten
Miete
Vorauszahlungen für Nebenkosten (Strom, Wasser, Gas)
Grundgebühren für Telefon, Internet und Handy
Fernseh- und Rundfunkgebühren
Versicherungen
Kreditraten
Sparraten
Kontoführungsgebühren
Beiträge für Fitnessstudios, Vereine etc.
Abonnements (z. B. Zeitungen, Streamingdienste)
Mobilität
Rücklagen für Anschaffungen etc.
...
...
Summe der monatlichen Fixkosten

Variable Kosten
Lebensmittel
Essen außer Haus
nicht alkoholische Getränke
alkoholische Getränke
Zigaretten
Mobilität (Benzin, Reparatur Auto/Fahrrad, Fahrkarten etc.)
Kosmetik, Körperpflege, Hygieneartikel, Friseur etc.
Haushalt (Reinigungsmittel, Haushaltsgeräte)
Kleidung, Schuhe
Gesundheit (Rezeptgebühren, rezeptfreie Medikamente etc.)
Handy, Telefon, Internet
Geschenke (Freunde, Familie)
Freizeit (Kino, Ausgehen, Hobby)
Unterhaltungselektronik
Bücher, Zeitschriften u. Ä.
Bürobedarf
Porto
Sport
Gebühren, Strafen etc.
...
...
Summe der variablen Ausgaben

3. SÄULE: PLANEN SIE IHRE FINANZEN UND AUSGABEN

Wenn Sie alle Ihre Einnahmen und Ausgaben in Ihrem Haushaltsbuch erfasst haben, sind Sie schon einen Riesenschritt weiter – und tun mehr für Ihre finanzielle Unabhängigkeit als die meisten anderen Menschen. In den nächsten Schritten geht es darum, die Ausgaben (und teilweise auch die Einnahmen) über verschiedene Zeiträume zu planen und sich auf die Ausgaben angemessen vorzubereiten. Dabei können Sie grob unterscheiden in:

- Ausgaben, die regelmäßig kurzfristig, in der Regel monatlich anfallen, z. B. Ihre Miete. Diese sollten Sie bereits in Ihrem Haushaltsbuch stehen haben.
- Ausgaben, die regelmäßig in größeren Abständen anfallen. Dazu gehören die Abbuchungen, die z. B. quartalsweise, halbjährlich oder jährlich anfallen, wie etwa Versicherungsbeiträge. Sie müssen noch in das monatliche Haushaltsbuch übertragen werden.
- Ausgaben, die ungeplant anfallen. Dies sind häufig die unangenehmsten Posten, jene, mit denen man eigentlich nicht gerechnet hat, z. B. die Reparatur des Autos oder der Waschmaschine.
- Ausgaben, die variabel sind, z. B. solche für Lebensmittel. Durch Ihr Haushaltsbuch wissen Sie bereits, wie viel Sie in der Vergangenheit ausgegeben haben.
- Außerdem sollten Sie in Ihrer Planung noch das Geld berücksichtigen, das Sie brauchen, um sich Wünsche erfüllen zu können, z. B. den nächsten Urlaub.

1. Schritt: Die Jahresübersicht über Ihre Fixkosten

Nicht alle Abbuchungen fallen monatlich an. Deshalb werden sie gern und oft vergessen, wenn eine Übersicht der Fixkosten erstellt wird. Dabei handelt es sich oft gleich um größere Summen, die die Finanzen ordentlich durcheinanderwürfeln können. Sie sollten sie daher unbedingt mithilfe einer Jahresübersicht sichtbar und planbar machen.

Erstellen Sie eine Jahresübersicht der Fixkosten

Bei der Aufstellung Ihrer monatlichen Kosten haben Sie ja bereits die Verträge in der Hand gehabt, die für Fixkosten sorgen. Diese Posten, die z. B. quartalsweise, halbjährlich oder jährlich abgebucht werden, sollten Sie nun in einen Jahresplan übertragen. Darin erfassen Sie alle geplanten Einnahmen und vor allem die Ausgaben mit dem jeweiligen Zeitpunkt, zu dem diese anfallen.

Ziehen Sie von den Einnahmen für jeden Monat die Fixkosten ab. Nun können Sie erkennen, in welchen Monaten Sie grundsätzlich wie viel Geld zur freien Verfügung haben.

Beispiel: Kati und Tobias
Tobias und Kati leben seit einiger Zeit zusammen. Tobias arbeitet als Berufseinsteiger in einem Unternehmen und erhält nur ein Traineegehalt, 1.500 Euro netto. Kati jobbt neben ihrem Geografiestudium auf 450-Euro-Basis und bekommt noch etwas BAföG. Die beiden wollen wissen, wie viel Geld ihnen jeden Monat bleibt. Sie listen gemeinsam und anhand ihrer aktuellen Kontoauszüge auf, welche Fixkosten sie in diesem Monat, dem September, haben, und rechnen die Einnahmen dagegen.

Monat September	
Nettoeinkommen Tobias	1.500,00 Euro
Einkommen Kati	450,00 Euro
BAföG Kati	130,00 Euro
Summe Einnahmen	2.080,00 Euro

Insgesamt haben Kati und Tobias also für den Monat September 2.080 Euro zur Verfügung. Nicht schlecht, denken sie. Aber von diesen Einnahmen müssen sie alles bezahlen, von der Miete bis zum Kinobesuch. Schauen wir doch mal, was den beiden im Monat September zum Leben übrig bleibt.

Ausgaben	
Miete	700,00 Euro
Nebenkosten	75,00 Euro
Handygebühren, Flatrate	20,00 Euro
ADAC	6,00 Euro
Berufsunfähigkeitsversicherung (Tobias)	40,00 Euro
Haftpflichtversicherung	4,00 Euro
Bausparvertrag (Kati)	75,00 Euro
Ratenkredit fürs Auto	100,00 Euro
Fitnessstudio (Tobias + Kati jeweils 50,00 Euro)	100,00 Euro
Monatskarte Bus	71,00 Euro
Abo Streamingdienst	10,00 Euro
Kontoführungsgebühren	5,00 Euro
Summe Ausgaben	1206,00 Euro

874 Euro bleiben im September übrig, nachdem die monatlichen Fixkosten abgebucht sind. Sie stehen für die laufenden Kosten zur Verfügung. Tobias ist zuversichtlich, da müsste doch eigentlich ein Urlaub drin sein, oder?

Kati ist skeptisch. Sie schlägt vor, lieber einen Jahresplan zu erstellen und bei den Kontoauszügen etwas weiter zurückzublättern.

Die Jahresübersicht, die Kati und Tobias erstellen, sieht wie folgt aus:

	Januar	**Februar**	**März**	**April**
Gehalt Tobias	1.500,00 €	1.500,00 €	1.500,00 €	1.500,00 €
Gehalt Kati	450,00 €	450,00 €	450,00 €	450,00 €
BAFöG Kati	130,00 €	130,00 €	130,00 €	130,00 €
Summe Einnahmen	2.080,00 €	2.080,00 €	2.080,00 €	2.080,00 €
Miete	700,00 €	700,00 €	700,00 €	700,00 €
Nebenkosten	75,00 €	75,00 €	75,00 €	75,00 €
Handygebühren, Flatrate	20,00 €	20,00 €	20,00 €	20,00 €
Kfz-Versicherung	570,00 €			
Kfz-Steuer	180,00 €			
ADAC	6,00 €	6,00 €	6,00 €	6,00 €
Lebensversicherung	280,00 €			280,00 €
Berufsunfähigkeitsversicherung (Tobias)	40,00 €	40,00 €	40,00 €	40,00 €
Haftpflichtversicherung	4,00 €	4,00 €	4,00 €	4,00 €
Studentenwerksbeitrag (Kati)			25,00 €	
Bausparvertrag (Kati)	75,00 €	75,00 €	75,00 €	75,00 €
Ratenkredit fürs Auto	100,00 €	100,00 €	100,00 €	100,00 €
Fitnessstudio (pro Person 50,00 €)	100,00 €	100,00 €	100,00 €	100,00 €
Monatskarte Bus	71,00 €	71,00 €	71,00 €	71,00 €
GEZ-Gebühren		52,50 €		
Abo Streamingdienst	10,00 €	10,00 €	10,00 €	10,00 €
Kontoführungsgebühren	5,00 €	5,00 €	5,00 €	5,00 €
Summe Ausgaben	2.236,00 €	1.258,50 €	1.231,00 €	1.486,00 €
Verfügbares Einkommen	-156,00 €	821,50 €	849,00 €	594,00 €
Summe des verfügbaren Einkommens	8.358,00 €			
monatlich verfügbares Einkommen	696,50 €			

Was ist mit den restlichen Fixkosten, jenen, die nicht jeden Monat auf den Kontoauszügen erscheinen? Wie wirken sie sich aus? An den Einnahmen wird sich wohl erst in einem Jahr etwas ändern: Auf Urlaubs- und Weihnachtsgeld hat Tobias noch keinen Anspruch und Kati kann wegen ihres Studiums nicht noch mehr arbeiten.

Mai	Juni	Juli	August	September	Oktober	November	Dezember
1.500,00 €	1.500,00 €	1.500,00 €	1.500,00 €	1.500,00 €	1.500,00 €	1.500,00 €	1.500,00 €
450,00 €	450,00 €	450,00 €	450,00 €	450,00 €	450,00 €	450,00 €	450,00 €
130,00 €	130,00 €	130,00 €	130,00 €	130,00 €	130,00 €	130,00 €	130,00 €
2.080,00 €	2.080,00 €	2.080,00 €	2.080,00 €	2.080,00 €	2.080,00 €	2.080,00 €	2.080,00 €
700,00 €	700,00 €	700,00 €	700,00 €	700,00 €	700,00 €	700,00 €	700,00 €
75,00 €	75,00 €	75,00 €	75,00 €	75,00 €	75,00 €	75,00 €	75,00 €
20,00 €	20,00 €	20,00 €	20,00 €	20,00 €	20,00 €	20,00 €	20,00 €
6,00 €	6,00 €	6,00 €	6,00 €	6,00 €	6,00 €	6,00 €	6,00 €
		280,00 €			280,00 €		
40,00 €	40,00 €	40,00 €	40,00 €	40,00 €	40,00 €	40,00 €	40,00 €
4,00 €	4,00 €	4,00 €	4,00 €	4,00 €	4,00 €	4,00 €	4,00 €
			25,00 €				
75,00 €	75,00 €	75,00 €	75,00 €	75,00 €	75,00 €	75,00 €	75,00 €
100,00 €	100,00 €	100,00 €	100,00 €	100,00 €	100,00 €	100,00 €	100,00 €
100,00 €	100,00 €	100,00 €	100,00 €	100,00 €	100,00 €	100,00 €	100,00 €
71,00 €	71,00 €	71,00 €	71,00 €	71,00 €	71,00 €	71,00 €	71,00 €
52,50 €			52,50 €			52,50 €	
10,00 €	10,00 €	10,00 €	10,00 €	10,00 €	10,00 €	10,00 €	10,00 €
5,00 €	5,00 €	5,00 €	5,00 €	5,00 €	5,00 €	5,00 €	5,00 €
1.258,50 €	1.206,00 €	1.486,00 €	1.283,50 €	1.206,00 €	1.486,00 €	1.258,50 €	1.206,00 €
821,50 €	874,00 €	594,00 €	796,50 €	874,00 €	594,00 €	821,50 €	874,00 €

Die Jahresübersicht zeigt, dass Kati und Tobias durchschnittlich im Monat 696,50 Euro für den Lebensunterhalt zur Verfügung stehen, also deutlich weniger als die 874 Euro, mit denen Tobias kalkuliert hat. Außerdem haben sie noch nichts für Unvorhergesehenes zurückgelegt.

Besonders kritisch ist der Januar. Weil dann gleich mehrere Versicherungsbeiträge fällig werden, geben Tobias und Kati in diesem Monat allein an Fixkosten deutlich mehr aus, als sie einnehmen. Wenn die beiden dann keine Rücklagen haben, aus denen sie die fälligen Rechnungen bezahlen können, rutschen sie in ein Schuldenloch, aus dem sie nur schwer wieder herauskommen werden. Aber auch im April, Juli und Oktober sind die beiden knapp bei Kasse.

Bilden Sie Rücklagen

Fixkosten, die nicht monatlich, sondern in größeren Abständen abgebucht werden, sollten Sie auf den Monat herunterbrechen. Es ist einfacher, regelmäßig eine kleine Summe zur Seite zu legen, als beim Fälligkeitstermin auf einen Schlag einen großen Betrag auf den Tisch zu legen. Dazu teilen Sie die Jahressumme aller längerfristigen Abbuchungen einfach durch zwölf. Diesen Betrag müssen Sie jeden Monat zur Seite legen, damit Sie am Ende die Summe auf einen Schlag zahlen können.

Bei Tobias und Kati werden die Kfz-Versicherung, die Kfz-Steuer, die Beiträge zur Lebensversicherung, die Studentenwerksbeiträge und die GEZ-Gebühren in größeren Abständen abgebucht. Insgesamt sind das knapp 2.130,00 Euro im Jahr. Diese Summe teilen sie durch zwölf, um die Monatsbelastung zu errechnen. Die beiden müssen also jeden Monat 177,50 Euro für diese Fixkosten zurücklegen.

Übernehmen Sie diesen monatlichen Betrag in Ihren monatlichen Haushaltsplan in die Kostenaufstellung. Er verringert die Summe, die Sie jeden Monat zur freien Verfügung haben, und sollte daher unbedingt berücksichtigt werden.

Tipp: Es nutzt übrigens nichts, den Betrag nur aufzuschreiben. Sie müssen ihn auch tatsächlich zur Seite legen, damit er Ihnen zum Abbuchungstermin auch zur Verfügung steht. Richten Sie z. B. einen Dauerauftrag ein und lassen Sie gleich zu Beginn des Monats das Geld auf ein Tagesgeldkonto überweisen.

Übung 7

Füllen Sie den Blankojahresplan auf den folgenden Seiten mit Ihren Fixkosten aus. Welche Abbuchungen kommen in größeren Abständen? Welche davon hatten Sie zwischenzeitlich ganz vergessen? Welche Monate sind besonders kritisch? Wie viel müssen Sie jeden Monat zurücklegen, damit Sie alle Fixkosten sofort bei Fälligkeit bezahlen können?

	Januar	Februar	März	April
Gehalt				
BAFöG				
sonstige (regelmäßige Einnahmen)				
Summe Einnahmen				
Miete				
Nebenkosten				
Handygebühren, Flatrate				
Kfz-Versicherung				
Kfz-Steuer				
ADAC				
Lebensversicherung				
Berufsunfähigkeitsversicherung				
Haftpflichtversicherung				
Studentenwerksbeitrag				
Sparrate				
Ratenkredit fürs Auto				
Fitnessstudio				
Monatskarte Bus				
GEZ-Gebühren				
Abo Streamingdienst				
Kontoführungsgebühren				
Summe Ausgaben				
Verfügbares Einkommen				
Summe des verfügbaren Einkommens				
monatlich verfügbares Einkommen				

Mai	Juni	Juli	August	September	Oktober	November	Dezember

2. Schritt: Bilden Sie Rücklagen für Unvorhergesehenes

Den letzten Punkt, den Sie in Ihre Jahresplanung aufnehmen sollten, sind die Rücklagen. Sie dienen dazu, Unvorhergesehenes zu finanzieren. So fallen größere Summen an, wenn Sie plötzlich eine Brille brauchen, oder für Ersatzbeschaffungen, wenn der alte Staubsauer endgültig den Geist aufgibt oder ein neues Auto angeschafft werden soll.

Welchen Betrag sollten Sie zurücklegen?

Bei den Fixkosten, die in größeren Abständen anfallen, war es einfach, sie auf den Monat umzurechnen. Aber wie viel legt man zurück für Dinge, von denen man weder weiß, wann sie eintreten, noch, was sie dann genau kosten werden?

Die meisten »unvorhergesehenen« Dinge sind gar nicht so überraschend. Natürlich ist der Schreck erst einmal groß, wenn die Waschmaschine plötzlich nur noch klappernde Geräusche von sich gibt, statt brav die Wäsche auszuschleudern. Aber mal ganz ehrlich: Sehr häufig wusste man schon vorher, dass das zehn Jahre alte Gerät nicht mehr für alle Zeiten funktionieren würde. Genau diese Zeit sollten Sie nutzen, um sich auf den Ernstfall, der hoffentlich noch lange in der Zukunft liegt, vorzubereiten.

Tipp: Natürlich kann man sich nicht auf alle Eventualitäten im Leben vorbereiten und jeder von uns kann in eine Situation geraten, die alle Planungen über den Haufen wirft. Aber vieles lässt sich vorhersehen und mit etwas Übersicht leichter bewältigen. Das spart nicht nur Geld, sondern vor allem auch Nerven.

- Überlegen Sie sich als Erstes, welche Gebrauchsgegenstände sich in Ihrem Haushalt befinden, die Sie früher oder später ersetzen müssen. Meist stellt hier das Auto, wenn vorhanden, den größten Faktor dar, dicht gefolgt vom Kühlschrank und der Waschmaschine, auf die heutzutage die meisten Menschen wohl nicht mehr verzichten wollen. Aber auch einen neuen Computer, ein besseres Fahrrad oder den Ersatz für den Staubsauger sollten Sie hier berücksichtigen.

- Schätzen Sie dann ein, wie lange die Gebrauchsgegenstände vermutlich ihren Dienst noch tun werden, wann also eine Ersatzanschaffung wohl fällig wird. So kann eine Waschmaschine mit fünf Jahren noch prima laufen. Aber es ist absehbar, dass irgendwann eine neue angeschafft werden muss: Der Bundesverband der Verbraucherzentralen schätzt die Nutzungsdauer von Waschmaschinen auf neun bis 12 Jahre. Bleiben also vier Jahre, um sich auf den Kauf eines neuen Geräts vorzubereiten. Planen Sie hier vorsichtig: Gehen Sie lieber von einer kürzeren Lebensdauer aus.

Tipp: Es kann auch aus wirtschaftlichen Gründen sinnvoll sein, ein Gerät, das auch technisch schon etwas in die Jahre gekommen ist, auszutauschen. Die Energiekosten bei neuen Kühlschränken oder der Wasserverbrauch bei neuen Waschmaschinen ist meist deutlich geringer, sodass Sie die Anschaffungskosten recht schnell wieder raushaben.

- Wie viel wird ein neues Gerät, Auto, Fahrrad etc. etwa kosten? Das ist die nächste Frage, die Sie beantworten müssen. Dafür können Sie durchaus heutige Preise als Richtwert nehmen, es sei denn, Sie planen auf 20 Jahre im Voraus – was aber die Ausnahme sein dürfte. Eine neue, höherwertige Waschmaschine kostet beispielsweise 350 bis 500 Euro.

– Welchen Betrag müssen Sie monatlich zurücklegen, um im angepeilten Zeitrahmen auf die geschätzten Neuanschaffungskosten zu kommen? Dazu teilen Sie den Preis durch die Zahl der Monate bis zum voraussichtlichen Anschaffungstermin. Die Waschmaschine für 500 Euro soll in vier Jahren angespart sein. D. h. 500 Euro / 48 Monate = 10,4166 Euro. Wer also jeden Monat 10,00 Euro zur Seite legt, kann dem Kauf gelassen entgegensehen. Führen Sie diese Berechnung für alle Gebrauchsgegenstände durch und sparen Sie die Gesamtsumme auf einem gesonderten Rücklagenkonto. Sie sehen schon: Je früher Sie anfangen, auf Neugeräte zu sparen, desto geringer ist die monatliche Belastung und desto einfacher wird es.

– Für Gebrauchsgeräte, die Sie nicht ständig benutzen, wie etwa die Waschmaschine, gibt es noch eine andere Möglichkeit. »Bezahlen« Sie sich jedes Mal selbst, wenn Sie diese Geräte benutzen. In einem Waschsalon müssen Sie ungefähr 3 Euro pro Waschladung hinlegen. Werfen Sie diesen Betrag einfach in ein Sparschein neben Ihrer eigenen Waschmaschine, wenn Sie diese befüllen und anstellen. Sie werden sehen, das Geld für die Neuanschaffung ist schnell beisammen. Damit diese Ausgaben im Haushaltsbuch auftauchen, sollten Sie sie im Budget für Haushaltsausgaben einplanen (siehe Kapitel 3. Schritt: Legen Sie Budgets fest).

Tipp: Auf diese Weise können Sie auch für Ihren Urlaub oder für andere Wünsche Geld zurücklegen.

Diese Vorteile haben Sie durch eine langfristige Finanzplanung

- Sie schonen Ihre Nerven. Wiederkehrende Ausgaben, die in größeren Abständen auf Sie zukommen, überraschen Sie nicht mehr und reißen keine Löcher auf Ihrem Konto. Der klassische Horrormonat ist der Januar, wenn alle Versicherungsbeiträge auf einen Schlag abgebucht werden.

- Sie sparen bares Geld. Wenn Sie wissen, wann welche Beträge von Ihrem Konto abgebucht werden, können Sie rechtzeitig für Deckung sorgen und so verhindern, dass teure Überziehungszinsen anfallen.

- Sie vermeiden es, womöglich Kredite aufnehmen zu müssen. Irgendwann muss jedes Gerät mal ersetzt werden. Dann ist es besser, das aus eigenen Mitteln zahlen zu können, als dafür Schulden zu machen (siehe Schritt 1 in diesem Kapitel »Die Jahresübersicht über Ihre Fixkosten«).

- Sie können sich womöglich sogar ein höherwertiges Gerät auswählen als ursprünglich gedacht. Wenn der oben genannte Kühlschrank erst nach fünf Jahren statt bereits nach vier ausgetauscht werden muss, stehen Ihnen 120 Euro mehr zur Verfügung. Die können Sie entweder in ein besseres Gerät investieren oder anderweitig verplanen.

Tipp: Wenn sich das System der Rücklagen erst mal eingespielt hat, ergibt sich noch eine weitere Einsparmöglichkeit: Überprüfen Sie bei monatlichen Zahlungen, ob es für Sie eventuell preiswerter ist, auf eine jährliche Zahlungsweise umzustellen. Viele Versicherungsunternehmen gewähren dafür Rabatte, z. T. 10 Prozent der Gesamtsumme.

Schaffen Sie ein Polster für Notfälle

Als ein gutes finanzielles Polster für Notfälle sollten Sie zwei bis drei Monatsnettogehälter auf der hohen Kante liegen haben. Damit können Sie dann z. B. die Kosten für eine Brille bezahlen oder auch Notzeiten überbrücken, in denen Sie beispielsweise längere Zeit krank oder arbeitslos sind.

Nun hat kaum jemand die Möglichkeit, mal schnell zwei bis drei Monatsgehälter zur Seite zu legen. Deshalb sollten Sie auch darauf sparen. Planen Sie z. B. jeden Monat 50 Euro dafür ein und überweisen Sie das Geld sofort auf ein gesondertes Konto, wenn Ihr Gehalt eingeht. Wenn der Zielbetrag erreicht ist, können Sie die Überweisung wieder stoppen und das Geld anderweitig verwenden. Müssen Sie diese Notreserve anfassen, sollten Sie sich im Anschluss bemühen, sie so bald wie möglich wieder aufzufüllen. Und wenn nach Ausbildung, Studium, Volontariat oder Traineezeit endlich auch das Einkommen wächst, sollten Sie das Notfallpolster aufstocken, bis es wieder zwei bis drei Monatsgehälter – diesmal des neuen Gehalts – beträgt. Denn Ihr Lebensstandard wächst und der sollte nicht von einem einzelnen Ereignis zerrüttet werden.

3. Schritt: Legen Sie Budgets fest

»Im Normalfall ist es immer so, dass ich mir ein festes Budget setze, welches ich nicht überschreiten möchte. Somit kann ich meine Ausgaben im Blick behalten und auch noch sichergehen, dass noch genügend Geld zum Sparen übrig bleibt. Von daher schaue ich jeden Monat, wie viel Geld ich bekomme und was ich noch alles bezahlen muss, und überlege mir dann, wie viel Geld ich höchstens ausgeben möchte. Diese Grenze versuche ich dann auch, nicht zu überschreiten.
Ich finde es sehr gut so, dass ich mir immer ein festes monatliches Budget setze, da ich sonst gar keinen Überblick über meine Ausgaben hätte. Wenn ich mir nicht jeden Monat selbst eine Grenze setzen würde, dann würde ich mit Sicherheit viel zu viel Geld ausgeben.«
MeL.G
(gepostet unter www.talkeria.de am 14.10.2013)

Erst wenn Sie die Summen für alle Fixkosten, für Unvorhergesehenes und für Ersatzbeschaffungen von Ihrem monatlichen Einkommen abgezogen haben, wissen Sie, wie viel Ihnen tatsächlich jeden Monat für die Lebenshaltung zur Verfügung steht. Nun können Sie sich an die Planung der kurzfristigen und variablen Kosten machen. Bevor Sie für die einzelnen Posten Budgets festlegen, sollten Sie versuchen, Ihre Ausgaben einzuschätzen.

Was sagt Ihr Gefühl?

Nehmen Sie Ihr Haushaltsbuch, in dem Sie die Kosten notiert haben, zur Hand. Sind Sie – nach allen vorangehenden Berechnungen – immer noch im Plus? Wenn nicht, sollten Sie sich dringend Sparmaßnahmen überlegen. Sonst beginnen die Probleme spätestens dann, wenn ein Großgerät kaputtgeht. Aber auch wenn Sie mit dem vorhandenen Geld auskommen, sollten Sie versuchen, für die vorliegenden Zahlen ein Gefühl zu bekommen.

Wenn Sie eine Weile Ihr Haushaltsbuch geführt haben, mindestens drei Monate, können Sie die Durchschnittswerte für die einzelnen Posten ausrechnen. Schon diese ersten Ergebnisse können Ihnen einiges verraten: Passen die einzelnen Bereiche zu Ihrem Einkommen oder haben Sie das Gefühl, über die Stränge geschlagen zu haben, z. B. bei den Freizeitausgaben? Oder stellen Sie fest, dass Sie manche Posten völlig unterschätzt haben?

Vergleichen Sie doch mal!

Sehr aufschlussreich ist es in der Regel, die Zahlen einmal ins Verhältnis zu setzen und zu vergleichen – z. B. mit dem eigenen Einkommen. Wie viel Prozent Ihrer frei verfügbaren Einnahmen geben Sie pro Bereich aus? Die Prozentzahl können Sie ganz einfach ausrechnen: Ausgabe des Bereichs x 100 / Einkommen. Wenn Sie also 1.500 Euro verdienen und für Lebensmittel 250 Euro im Monat ausgeben, so lautet die Rechnung:

$$250 \times 100 / 1.500 = 16{,}66 \text{ Prozent.}$$

Vergleichen Sie Ihre Zahlen doch mal mit denen des Statistischen Bundesamts für 2014.

Art der Ausgaben	Deutschland		Früheres Bundesgebiet ohne Berlin-West		Neue Länder und Berlin	
	EUR	%	EUR	%	EUR	%
Durchschnitt je Haushalt und Monat						
Private Konsumausgaben	2 375	100	2 494	100	1 935	100
Nahrungsmittel, Getränke und Tabakwaren	326	13,7	336	13,5	290	15,0
Bekleidung und Schuhe	107	4,5	112	4,5	86	4,4
Wohnen, Energie, Wohnungsinstandhaltung	856	36,0	905	36,3	671	34,7
Innenausstattung, Haushaltsgeräte und -gegenstände	132	5,6	140	536	104	5,4
Gesundheit	92	3,9	99	4	65	3,4
Verkehr	325	13,7	344	13,8	255	13,2
Post und Telekommunikation	61	2,6	62	2,5	56	2,9
Freizeit, Unterhaltung und Kultur	248	10,4	254	10,2	224	11,6
Bildungswesen	17	0,7	18	0,7	11	0,6
Beherbergungs- und Gaststättendienstleistungen	129	5,5	137	5,5	100	5,2
Andere Waren und Dienstleistungen	82	3,5	85	3,4	71	3,7

Struktur der Konsumausgaben privater Haushalte 2014 in den Gebietsständen (Quelle: destatis.de)

Was gibt der Durchschnitt der Bevölkerung aus?

Auch wenn statistische Daten nicht geeignet sind, um mit ihnen das eigene Haushaltsbuch zu führen, so können sie doch als grobe Orientierungswerte dienen. Geben Sie mehr aus als der Durchschnitt der vergleichbaren Bevölkerungsgruppe? Das Statistische Bundesamt hat für die Bevölkerungsgruppe zwischen 18 und 25 Jahre für das Jahr 2014 folgende Daten veröffentlicht:

	in Euro
Nahrungsmittel, Getränke und Tabakwaren	162
Bekleidung und Schuhe	69
Wohnen, Energie, Wohnungsinstandsetzung	494
Innenausstattung, Haushaltsgeräte und -gegenstände	54
Gesundheit	15
Verkehr	158
Post und Telekommunikation	57
Freizeit, Unterhaltung und Kultur	127
Beherbergungs- und Gaststättendienstleistungen	71
Andere Waren und Dienstleistungen	43

Statistisches Bundesamt, Wirtschaftsrechnungen, Laufende Wirtschaftsrechnungen, Einkommen, Einnahmen und Ausgaben privater Haushalte 2014, Daten für 2014

Diese Daten sind etwas mit Vorsicht zu genießen. Das Statistische Bundesamt weist darauf hin, dass die Zahlenwerte statistisch relativ unsicher sind. Unglücklich ist zudem, dass Nahrungsmittel, Getränke und Tabak in einer Rubrik zusammengefasst sind – das sollten Sie bei Ihrem Haushaltsbuch unbedingt vermeiden. Dennoch geben die Zahlen erste Hinweise und zeigen z. B., wie hoch der Anteil der Wohn- und Verkehrskosten durchschnittlich ist.

Was wollen Sie in Zukunft ausgeben?

Nach all diesen Vorüberlegungen geht es nun an das »Eingemachte«: Sie müssen sich überlegen, wie viel Geld Sie zukünftig wofür ausgeben möchten – wie hoch also das Budget pro Posten ist. Das Sparpotenzial, das Sie in den vorangehenden Schritten sichtbar gemacht haben, müssen Sie nun in die Realität umsetzen. Seien Sie dabei anfangs nicht zu ehrgeizig. Der Umgang mit solchen Budgets erfordert etwas Übung. Und wenn Sie gleich zu Beginn an Zielen scheitern, die womöglich etwas zu streng formuliert sind, fördert das nur den Frust. Spontan 50 Prozent irgendwo einzusparen ist in der Regel nur sehr schwer möglich. Sorgen Sie besser für Erfolgserlebnisse, indem Sie sich erreichbare Ziele setzen.

- Wenn Sie mit Ihrem Geld bislang gut ausgekommen sind, die verschiedenen Übersichten keine Schieflage zeigen und Sie auch kein besonderes Sparziel haben, ist es sinnvoll, als erstes Budget den Durchschnittswert der letzten Monate anzusetzen. Haben Sie in der Vergangenheit pro Monat durchschnittlich z. B. 20 Euro für Haushalts- und Kosmetikwaren ausgegeben, dann planen Sie für den nächsten Monat ebenfalls nur 20 Euro ein. So haben Sie die Möglichkeit, sich daran zu gewöhnen, mit einer festen Summe pro Zeitraum zu hantieren, die Ihnen aber ausreichend Spielraum bietet. Meist führt schon der bewusstere Umgang mit dem Geld dazu, dass die Ausgaben geringer werden. In den Folgemonaten können Sie das Budget dann schrittweise senken.

- Wer jedoch Schwierigkeiten hat, sich mit seinem Einkommen über den Monat zu retten, oder wer auf ein großes Sparziel hinarbeitet, sollte die Budgets von vornherein niedriger als den bisherigen Durchschnitt ansetzen, z. B. 10 Prozent weniger. Versuchen Sie also, statt wie bisher mit durchschnittlich 20 Euro mit 18 Euro zurechtzukommen. Denn nur so sparen Sie im Vergleich zu früher tatsächlich etwas ein. Das ist anspruchsvoll, in der Regel aber machbar.

Tipp: Gerade am Beginn werden Sie vielleicht feststellen, dass Sie am Ende des Monats manch ein Budget nicht aufgebraucht haben. Häufig liegt das daran, dass zunächst einmal die Vorräte verbraucht werden. Aber irgendwann sind auch diese Bestände an Putzmitteln und Waschpulver weg und spätestens dann sind Neuanschaffungen fällig. Deshalb ist es sinnvoll, das übrig gebliebene Geld zur Seite zu legen und dann für neue Vorräte einzusetzen.

Und wenn Sie das Budget dauerhaft nicht brauchen, sollten Sie sich auch mal für Ihre Sparerfolge belohnen! Leisten Sie sich zwischendurch etwas Außergewöhnliches, wenn Sie bei den Ausgaben über längere Zeit sehr zurückhaltend waren. Dieses Extra können Sie dann mit ruhigem Gewissen genießen! Und es motiviert für die nächste Zeit! Allerdings sollten Sie hier nicht über die Stränge schlagen – der größte Teil der Einsparungen sollte besser als Rücklage auf einem Anlagekonto landen.

4. Schritt: Mit den Budgets zurechtkommen

»Die Sparsamkeit ist die Tochter der Vorsicht, die Schwester der Mäßigung und die Mutter der Freiheit.«
Samuel Smiles, englischer Sozialreformer

Dies ist kein Ratgeber, in dem Sie die 101 tollsten Einzeltipps zum Sparen bekommen. Es geht vielmehr um die Grundlagen des guten Wirtschaftens. Ein reiner Sparratgeber ist unseres Erachtens auch nur begrenzt sinnvoll. Wir sind sicher, dass Sie wissen, dass mehr Zigaretten, Zeitschriften, Kinobesuche etc. auch mehr kosten. Wenn Sie bei solchen Posten sparen wollen, sind die entsprechenden Maßnahmen sehr eindeutig. Hier vertrauen wir auf Ihren gesunden Menschenverstand.

Sparen lässt sich nur bedingt verallgemeinern

Hinzu kommt, dass Sparen etwas höchst Individuelles ist. Natürlich gibt es einige Maßnahmen, die in jedem Haushalt funktionieren – vor allem bei den Fixkosten. Wie Sie hier Ihre Ausgaben in den Griff bekommen, lesen Sie in Kapitel 4. Auch lohnt es sich meist, die generellen Konsumgewohnheiten zu hinterfragen (siehe Kapitel 1).

Aber in sehr vielen anderen Fällen ist es kaum möglich, konkrete Tipps zu geben, die jedermann problemlos anwenden kann. Zu unterschiedlich sind die einzelnen Haushalte und auch die Personen, die darin leben. Was nützt es Ihnen beispielsweise, wenn wir

Ihnen den Vorschlag machen, auf eine preiswertere Kosmetikserie umzusteigen, wenn Sie eine schwere Allergie gegen bestimmte Inhaltsstoffe haben und froh sind, überhaupt eine Gesichtscreme gefunden zu haben, die Sie vertragen?

Zudem sind die Vorlieben und Empfindlichkeiten gerade in diesem Bereich höchst individuell. Was für den einen Sparsamkeit ist, ist für den nächsten schon Geiz. Der eine findet sein Verhalten vernünftig, der andere empfindet es bereits als schrullig. Und was für eine Person purer Luxus ist, ist für die nächste bloße Notwendigkeit, um abends nach der Arbeit zu entspannen.

Beim Sparen gibt es zunächst einmal kein Gut und Böse. Jeder muss im Rahmen seiner Möglichkeiten seinen eigenen Weg finden, mit den Sparpotenzialen in seinem Haushalt umzugehen. Wir denken aber, dass es wichtig ist, diese Potenziale zu kennen und sich bewusst für oder gegen ihre Nutzung zu entscheiden. So haben Sie auch noch Sparreserven für den Fall, dass Sie finanziell in eine Notlage geraten. Wer sich heute dafür entscheidet, sich den täglichen Coffee-to-go weiterhin zu gönnen, kann morgen schon in eine Situation geraten, in der er das Geld dafür lieber einspart.

Alle Posten kontrollieren

Grundsätzlich gilt: Jeder Posten gehört auf den Prüfstand – und es ist Kreativität gefragt. Angenommen, Sie stellen fest, dass Sie hohe Kosten für Mobilität haben. Dann könnten Sie sich überlegen,

- ob Sie häufiger mit dem Fahrrad oder zu Fuß gehen möchten, statt mit dem Auto zu fahren,
- ob Sie eine Fahrgemeinschaft mit Kollegen bilden können,
- ob Sie sich ein Auto mit geringerem Verbrauch anschaffen können,

- ob Sie verschiedene Fahrten in Zukunft besser kombinieren können,
- ob Sie auf einzelne Fahrten nicht ganz verzichten können,
- ob Sie Ihren Fahrstil ändern können, sodass Sie weniger Benzin verbrauchen,
- ob Sie schwere Gegenstände aus dem Kofferraum räumen und so den Benzinverbrauch senken können,
- ob Sie die Mitgliedschaft im Automobilclub tatsächlich brauchen,
- ob Bus oder Bahn von Zeit zu Zeit eine sinnvolle Alternative sind,
- ob Sie bei Monatskarten für den öffentlichen Nahverkehr vielleicht auch mit weniger Tarifzonen auskommen können,
- ob Sie nicht viel Geld sparen können, indem Sie ab und zu eine Busstation früher aussteigen, weil Sie sich dann noch in einer preiswerteren Zone befinden, usw.

Diese Liste ließe sich fortführen. Sie sehen, Möglichkeiten gibt es viele – und das meist in allen Bereichen.

Klar ist: Je knapper Sie bei Kasse sind oder je größer Ihr Sparziel ist, desto radikaler müssen die Maßnahmen sein. Das bedeutet auch, auf Dinge zu verzichten. Am besten ist es, Sie setzen sich – allein oder wenn Sie zu zweit sind gemeinsam als Paar – hin und notieren zunächst einmal ohne jede Wertung alle Einsparmöglichkeiten, die Sie entdecken. Gehen Sie dabei ruhig so detailliert vor wie in unserem Beispiel mit den Mobilitätskosten.

Im zweiten Schritt klären Sie dann, welche Bedeutung jeder einzelne Posten hat: Leidet Ihre Lebensqualität, wenn Sie bestimmte Sachen in Zukunft nicht mehr nutzen können, oder sind diese eigentlich nebensächlich? Stellen Sie fest, dass bestimmte

Einsparungen ohne weitergehende Konsequenzen machbar sind, sollten Sie sie sofort umsetzen. Im Beispiel wäre ein solcher Punkt womöglich die Änderung des Fahrstils oder das Leerräumen des Kofferraums. Und wenn darüber hinaus noch Sparbedarf vorhanden ist, sollten Sie dafür sorgen, dass jeder im gleichen Maße auf etwas verzichten muss. Ein Partner schließt sich einer Fahrgemeinschaft an, der andere beschließt, Strecken bis zu fünf Kilometer mit dem Fahrrad zu fahren.

Sparen kann aber auch heißen, für mehr Vorfreude und Genuss zu sorgen. Angenommen, Sie sind als Paar bislang eher spontan zwei- bis dreimal die Woche ins Kino gegangen und haben nun festgestellt, dass das ganz schön teuer ist. Gemeinsam beschließen Sie, die Kinobesuche auf einmal in der Woche zu begrenzen. Sie legen einen Kinotag fest, suchen sich immer ein paar Tage vorher gemeinsam einen Film aus, reservieren Karten und treffen sich schon vor dem Filmbeginn in der Stadt auf einen Spaziergang. So machen Sie den Kinobesuch zu etwas Besonderem und können ihn schon im Vorfeld ganz anders, bewusster und gemeinsam genießen. Und nebenbei sparen Sie auch noch bares Geld.

Übung 8

Wählen Sie einen Ausgabeposten aus Ihrem Haushaltsplan aus. Schreiben Sie mindestens zehn Ideen auf, wie Sie die Kosten für ihn senken können.

Legen Sie einen Spartag ein

Natürlich ist es lästig, rund um die Uhr nur ans Sparen zu denken. Wer einmal eine Zeit lang gezwungen war, wirklich jeden Cent umzudrehen, weiß, wie belastend eine solche Situation ist. Dabei vergeht einem schnell die Lust.

Besser ist es, einen festen Tag in der Woche oder alle zwei Wochen zu reservieren, an dem Sie für eine oder zwei Stunden gezielt nach ungenutztem Sparpotenzial in Ihrem Haushalt fahnden. Was Sie an diesem Tag unternehmen können, ist vielfältig, aber es sollte mit dem Thema Sparen zu tun haben. Sie können z. B. gezielt Ihre Vorräte sichten, aufräumen und für die baldige Verwertung einplanen. Damit verhindern Sie, dass Sie sie womöglich irgendwann wegwerfen müssen. Oder Sie nehmen sich für diesen Tag vor, die Fenster vor dem nächsten Kälteeinbruch besser zu isolieren. Oder Sie tauen den Gefrierschrank ab und senken so seinen Stromverbrauch. Oder Sie fahnden im Internet danach, welche Maßnahmen geeignet sind, um Ihren Wasserverbrauch zu reduzieren (und setzen diese anschließend auch um). Oder ...

Mit der Zeit optimieren Sie so systematisch Ihren Haushalt, ohne dafür einen allzu großen Aufwand betreiben zu müssen.

Tipp: Konkrete Vorschläge, wie Sie in einzelnen Bereichen sparen können, finden Sie im Internet, z. B. unter www.frag-mutti.de und www.geldsparen.de.

Das Umschlagsystem hilft beim Budget

In vielen Fällen ist es nicht einfach, mit dem Budget auch auszukommen. Dann kann das Umschlagsystem helfen, die Planung auch umzusetzen: Sie heben am Beginn des Monats die Summe, die Sie insgesamt für Ausgaben vorgesehen haben, von Ihrem Konto ab und verteilen Sie in Umschläge. Ein Umschlag enthält beispielsweise das Geld für Lebensmittel, ein weiterer das für Freizeitvergnügen. Ihre Einkäufe bezahlen Sie dann mit dem Geld aus den jeweiligen Umschlägen. Die EC- oder Kreditkarte, Paypal und Co. dürfen Sie bei diesem System natürlich nicht einsetzen.

Das ist sehr effektiv, weil Sie jederzeit sehen, wie viel Sie noch jeweils pro Budgetposten zur Verfügung haben. Außerdem fällt es leicht, am Ende des Monats die möglichen Reste zusammenzusammeln und beiseitezulegen. Aber das Umschlagsystem ist auch sehr umständlich. Deshalb ist es sinnvoll, es auf Posten zu beschränken, die besonders anfällig sind, z. B. auf Freizeitausgaben.

Bei den Lebensmitteln kann es sogar sinnvoll sein, den Zeitraum der Budgetplanung nochmals auf eine Woche zu verkleinern, wenn das Geld sehr knapp ist. Hier lauert aber eine Falle: Sie dürfen das Monatsbudget nicht einfach durch »4« teilen, um das Wochenbudget für Lebensmittel zu errechnen. Denn damit hätten Sie nur 28 Tage des Monats abgedeckt (vier Wochen à sieben Tage). Bis auf den Februar haben aber die Monate 30 oder 31 Tage. Daher ist es notwendig, das Monatsbudget durch die Anzahl der Tage zu teilen und diesen Betrag mit sieben zu multiplizieren, um herauszufinden, was Sie in der Woche tatsächlich ausgeben können. Sonst besteht die Gefahr, dass Sie ab dem 29. eines Monats kein Geld mehr für Essen zur Verfügung haben.

Tipp: Kalkulieren Sie kein zu geringes Budget für Lebensmittel ein, schließlich ist das der Kraftstoff, mit dem Sie laufen. Absolutes Minimum sollte der jeweilige Hartz-IV-Satz sein, das sind derzeit (August 2016) 143,42 Euro pro Monat, also weniger als 5 Euro pro Tag.

5. Schritt: Arbeiten Sie mit einem Wochenplan

Einen bedeutenden Ausgabeposten, der uns sehr am Herzen liegt und der gleichzeitig ein großes Sparpotenzial bietet, stellen die Nahrungsmittel dar. Allerdings ist kaum ein Bereich in puncto Einkauf so umstritten: Naturkostladen oder Discounter, Vorratshaltung oder spontanes Shoppen nach dem Feierabend, Fleisch oder vegetarisch – hier scheiden sich wirklich die Geister.

Der Umgang mit Lebensmitteln

Lebensmittel sind ganz besondere Waren. Zum einen sind sie – wie der Name schon sagt – äußerst wichtig für das Leben. Deshalb sollten Sie darauf achten, sich ausgewogen, abwechslungsreich und gesund zu ernähren. Diese Abwechslung regelmäßig auf den Tisch zu bringen, fällt vielen Menschen allerdings schwer. Oft fehlt einfach die Zeit für den Einkauf nach Feierabend, spontane Ideen zum Kochen sind Mangelware und die Fertigpizza ist ja so bequem. Die Fertigware ist aber auch deutlich teurer und leider in der Regel ungesünder als Selbstgekochtes.

Zum anderen sind Lebensmittel global gesehen knapp. Zwar sind sie in Deutschland – allen Preissteigerungen der jüngeren Vergangenheit zum Trotz – verhältnismäßig billig, im Jahr 2014 haben die Deutschen laut Eurostat durchschnittlich nur 10,2 Prozent ihres Einkommens für Nahrungsmittel und alkoholfreie Getränke ausgegeben, die Italiener dagegen 14,2 Prozent. Zudem sind Lebensmittel in Deutschland in den meisten Fällen auch jederzeit verfügbar. Weltweit aber haben viele Menschen Schwierigkeiten, sich ausreichend Nahrungsmittel zu beschaffen, und es kommt immer wieder zu Lebensmittelknappheit und Hungerkatastrophen.

Zur gleichen Zeit landen Tonnen von Lebensmitteln auf dem Müll. Die Universität Witten-Herdecke legte erschreckende Zahlen vor: Rund ein Drittel der global produzierten Lebensmittel wird weggeworfen. Für Deutschland liegen hierzu keine statistischen Daten vor. Die Verbraucherzentralen geben 11 Millionen Tonnen Lebensmittel im Wert von circa 25 Milliarden Euro an.

Selbst ohne den moralischen Zeigefinger zu heben, ist dieses Verhalten wenig sinnvoll. Nicht nur, dass die Lebensmittel, die weggeworfen werden, ja irgendwann einmal gekauft und produziert wurden – im Grunde wird also bares Geld auf den Müll geworfen.

Ein großer Teil der Waren wird auch vom Handel entsorgt, weil er nicht verkauft wurde. Das Credo, das dahintersteht, lautet: »Auch bei Ladenschluss müssen die Regale noch voll sein«. Das ist ein Glaube, der zum einen nicht belegt ist und den die Kunden zum anderen teuer bezahlen. Denn die Lebensmittel, die so auf dem Müll landen, werden natürlich über den Preis der verkauften Lebensmittel mitfinanziert. Ein bewusstes Nachfrage- und Kaufverhalten kann also langfristig auch hier die Kosten für Lebensmittel senken.

Tipp: Verdorbene Lebensmittel müssen Sie natürlich entsorgen – wir wollen ja nicht, dass Sie sich eine Lebensmittelvergiftung holen. Auch uns passiert es – zum Glück sehr selten –, dass z. B. ein angebrochener Joghurt ein gemütliches Plätzchen im Kühlschrank gefunden hat, an dem er steht und steht und steht ..., bevor er seine Reise auf den Biomüll antritt.

Die Kunst besteht aber darin, generell so geschickt zu planen und den Überblick zu behalten, dass Lebensmittel möglichst gar keine Chance haben, zu verderben.

Kochtopf und Pfanne statt Dose

Der Deutsche Hausfrauen-Bund schätzt, dass sich durch ein Haushaltsbuch die Kosten für Lebensmittel um 15 bis 20 Prozent reduzieren lassen – das ist eine ganze Menge. Ein Teil davon betrifft sicher die Lebensmittel, die ungenutzt auf dem Müll landen. Ein anderer Teil liegt aber im sogenannten Convenience-Food – hier ergibt sich ein großes Einsparpotenzial.

Convenience-Food heißt übersetzt so viel wie »bequemes Essen«. Darunter fallen z. B.

- vorgefertigte Nahrungskomponenten wie etwa Backmischungen oder Fixtüten für alles Mögliche von der Nudelsoße bis zum griechischen Auflauf,
- schon verzehrfertig zubereitete, komplette Mahlzeiten, die nur noch in den Ofen oder in die Mikrowelle geschoben werden müssen wie Suppen aus der Dose oder Fertigmenüs.

Es geht uns nicht darum, Convenience-Food grundsätzlich zu verteufeln. Auch wir möchten nicht auf vorgefertigte Gemüsebrühe oder passierte Tomaten verzichten – die ebenfalls zum »bequemen Essen« gehören. Tiefgefrorenes geschnittenes Gemüse bietet sogar einen besseren Vitamingehalt als solches, das schon einige Tage gelagert wurde. Außerdem kann es sehr hilfreich sein, ein paar Konserven im Haus zu haben, wenn die Finanzen sehr knapp sind – damit lassen sich schlechte Zeiten, vor allem am Ende des Monats, auch mal überbrücken.

Dennoch: Wer ernsthaft sparen will, muss seinen Umgang mit dem Fertigfutter überdenken, vor allem, wenn er sich bislang hauptsächlich davon ernährt hat. Denn Convenience-Food geht besonders ins Geld. Immer wieder ist von Kochmuffeln das Argument zu hören, Selbstkochen sei zu teuer und die Fertigware sei eine preiswerte Alternative. Dabei reichen ein paar einfache Rechnungen, um das Gegenteil zu beweisen. So kostet eine Fertigpizza in einer halbwegs angemessenen Qualität ungefähr 2,80 Euro bis 3,50 Euro. Davon wird eine Person satt, große und kräftige Menschen brauchen eventuell auch mehr. Wenn Sie stattdessen Mehl, Hefe, passierte Tomaten oder Tomatenmark, Käse und Belag für die Pizza kaufen, zahlen Sie ungefähr die gleiche Summe, können davon aber locker zwei Bleche backen und mehrere Personen satt bekommen – oder den Rest einfrieren und damit beim nächsten Mal kräftig sparen. Außerdem ist die Pizza dann garantiert so belegt, wie Sie es sich wünschen.

Noch krasser ist das Missverhältnis bei Backmischungen. Auch hier zahlen Sie für eine Qualitätsbackmischung für einen Rührteig etwa 2,20 Euro. Dabei müssen diese Mischungen dann oft noch ergänzt werden, durch Milch, Eier und Butter oder Margarine. Diese müssen Sie abwiegen und verrühren, in eine Backform einfüllen und ausbacken. Damit sparen Sie mit diesen Produkten weder Geld noch Zeit noch Mühe. Im Gegenteil, Sie bezahlen viel zu viel für ein wenig Mehl, Zucker und ein paar andere Zutaten wie künstliches Aroma, modifizierte Stärke sowie Emulgatoren – auf die Sie auch gut verzichten können.

Sie können nicht kochen? Besuchen Sie doch mal einen Kochkurs für Anfänger. Den bieten fast alle Volkshochschulen oder Familienbildungsstätten für schmales Geld an. Oder suchen Sie sich Kochvideos im Internet raus, in denen Schritt für Schritt erklärt wird, wie Sie aus einigen Zutaten eine leckere Suppe kochen oder einen Kuchen backen. Fortgeschrittene finden in Themenkursen wie »Leckeres aus dem Wok«, »Italienisch schlemmen« oder bei Kochshows im Fernsehen neue Anregungen. Zudem gibt es zahllose Blogs für jedes Kochniveau und jede Ernährungsform – von »ich esse alles« über »vegan« und »paleo« bis hin zu »Kochen bei Allergien und Unverträglichkeiten«.

Kochen kann sehr viel Spaß machen, vor allem, wenn Sie zusammen mit Freunden die Küche unsicher machen. Und wer aufs Geld schauen muss, hat kaum eine andere Wahl, als sich selbst an den Herd zu stellen.

Tipp: Selbermachen spart Geld! Das gilt besonders beim Kochen, aber nicht nur dort. Es gibt sehr vieles, was Sie ohne geringen Aufwand selbst machen können: Die Apfelschorle und die Müslimischung lassen sich problemlos zusammenmixen, Kräuter und Sprossen wachsen auf der Fensterbank und selbst die Zubereitung von Joghurt ist unkompliziert.

Zu Hause essen spart richtig

Statt zur Dose zu greifen, kaufen sich viele Menschen auch einfach Fast Food, essen im Restaurant oder lassen sich komplette Mahlzeiten nach Hause kommen. Legen Sie in Ihrem Haushaltsbuch eine Zeile an, in der Sie die Ausgaben für das »Außer-Haus-Essen« sammeln, und tragen Sie dort das Kantinenessen ebenso ein wie den unterwegs gekauften Hamburger oder Döner und das Lieferessen vom Asia-Imbiss. Sie werden erstaunt sein, welche Summen dabei zusammenkommen. Und oft genug sind die Nahrungsmittel, die Sie auf diesem Weg zu sich nehmen, von minderer Qualität. So ist es durchaus nicht ungewöhnlich, dass Mahlzeiten in Großküchen schon früh am Morgen zubereitet und dann bis mittags warm gehalten werden. Vitamine sollten Sie darin allerdings nicht mehr erwarten.

Und ohne nun alle Gastronomen über einen Kamm scheren zu wollen: Auch in Restaurants dürfen Sie nicht unbedingt davon ausgehen, dass der Küchenchef intensiv den Kochlöffel schwingt, sobald er Ihre Bestellung sieht. Convenience-Food hat auch längst hier schon Einzug in die Küchen gehalten: Der Koch schneidet nur noch den Tetrapak auf, schiebt das Fix-und-Fertig-Menü in die Mikrowelle oder den Dampfgarer und freut sich über die tolle Marge, wenn Sie die Rechnung bezahlen. Statt einer individuell und frisch zubereiteten Speise erhalten Sie häufig industriell hergestellte Massenware. Für die Summe, die ein Essen im Restaurant kostet, können Sie locker beste Zutaten einkaufen und am eigenen Herd ein Menü zaubern.

Tipp: Restaurant ist nicht Restaurant. Es macht Spaß, sich selbst mit einem Drei-Gänge-Menü in der gehobenen Gastronomie verwöhnen zu lassen. Das ist natürlich etwas teurer. Wir meinen aber: Meiden Sie die drittklassigen Restaurants und investieren Sie das gesparte Geld lieber von Zeit zu Zeit in einen besonderen Abend – z. B., um sich für die Sparerfolge des vergangenen Jahres zu belohnen. Informationen finden Sie z. B. unter www.slowfood.de.

Diese Vorteile bietet Ihnen ein Wochenplan

Selbst zu kochen muss nicht länger dauern, als auf den Pizzaboten zu warten – und es muss auch nicht mit der immer gleichen Frage im Supermarkt »Was koche ich nur heute Abend?« verbunden sein. Beide Probleme lassen sich gut durch einen Wochen- bzw. Kochplan lösen. Damit legen Sie im Vorfeld fest, was Sie in der kommenden Woche kochen und essen werden. Das klingt erst mal ungewöhnlich, denn die meisten Menschen wissen noch nicht einmal mittags, was sie am selben Abend essen werden. Und nun einen Plan für die ganze Woche erstellen? Ist das sinnvoll? Ja! Denn ein Wochenplan bietet gleich eine ganze Reihe Vorteile:

- Sie müssen nicht jeden Tag einkaufen gehen. Machen Sie lieber einmal in der Woche einen Großeinkauf und nehmen Sie alles mit, was sich ein paar Tage oder länger hält. Dann besorgen Sie zwischendurch noch mal frisches Obst, Gemüse und Brot, also Lebensmittel, die schnell verderben. Damit sparen Sie Zeit, die Sie sonst im Laden nach Ware suchen und an der Kasse verbringen – und die Sie besser für die Zubereitung der Speisen nutzen können.

- Sie sparen Geld. Vor allem, wenn Sie bisher immer mit dem Auto einkaufen gefahren sind, fällt so manche Fahrt zum Supermarkt weg – der Benzinverbrauch sinkt also.

- Sie kaufen nicht zwischendurch Dinge, die Sie nicht unbedingt benötigen. Eines ist klar: Je häufiger Sie in den Geschäften sind, desto größer ist die Gefahr, von Angeboten oder Ähnlichem in Versuchung geführt zu werden und mehr zu kaufen, als Sie eigentlich vorhatten. Wer gar nicht erst in die Geschäfte hineinmuss, ist hier klar im Vorteil.

- Sie optimieren Ihre Vorratshaltung. In einen Wochenplan können Sie ganz gezielt Vorräte einplanen. So verhindern Sie, dass Sie sie möglicherweise doch irgendwann mal vernichten müssen. Auch Zutaten, die Sie frisch kaufen, können Sie in aufeinanderfolgenden Gerichten verwerten. So bleibt keine halbe Paprika oder Gurke übrig.

- Sie sorgen für mehr Abwechslung auf den Tellern. Statt jeden Tag aus der Ideenlosigkeit heraus Nudeln zu kochen, können Sie gezielt einen Tag Reis, den nächsten Kartoffeln und dann wieder eine Suppe einplanen.

- Ein Wochenplan schont Ihre Nerven. Kennen Sie die Frage: »Was gibt es denn heute?« Hängen Sie den Wochenplan einfach gut sichtbar auf und verweisen Sie in Zukunft ganz einfach darauf – Frage beantwortet!

Wie Sie einen Wochenplan erstellen

Am besten ist es, wenn Sie Ihren Wochenplan immer an einem festen Tag für die nächste Woche erstellen. Angenommen, Sie möchten in Zukunft immer am Dienstag Ihren wöchentlichen

Großeinkauf machen. Dann sollten Sie sich am Montag an die Planung machen.

- Sichten Sie als Erstes Ihre Vorräte. Ist etwas von der letzten Woche übrig geblieben? Was liegt schon länger im Tiefkühlschrank und sollte allmählich verbraucht werden? Müssen die Kartoffeln womöglich endlich mal weg? Oder die roten Linsen aus dem Vorratsschrank?

- Verschaffen Sie sich einen Überblick über die kommende Woche. Welche Termine stehen an? Wissen Sie z. B. schon, dass Sie am Sonntag bei den Schwiegereltern grillen und am Mittwoch nach dem Training erst spät nach Hause kommen werden?

- Überlegen Sie sich, was Sie an welchem Tag kochen möchten. Für Tage, an denen Sie erst spät nach Hause kommen, sollten Sie schnelle Gerichte einplanen – Pasta mit einer schnellen Tomatensoße, Milchreis usw. An anderen Tagen können Sie aufwendiger kochen und z. B. ein Risotto zaubern.

- Berücksichtigen Sie, was Ihre Bestandsaufnahme der Vorräte erbracht hat. Verbrauchen Sie vorhandene Lebensmittel möglichst rasch.

- Achten Sie auf viel Abwechslung in der Speisefolge. Planen Sie viel Gemüse und einmal wöchentlich Fisch ein. Fleisch sollte dagegen nur eine geringe Rolle spielen.

- Bei Bedarf sollten Sie einen Restetag einlegen, um Kühlschrank und Gemüsefach wieder leer zu bekommen.

- Erstellen Sie Ihren Wochenplan so, dass die einzelnen Gerichte aufeinander aufbauen. Kettenkochen nennt man so etwas. Das ist ganz einfach: Am ersten Tag machen Sie z. B.

Pellkartoffeln mit Quark. Dabei kochen Sie gleich die doppelte Menge Kartoffeln ab und heben die Hälfte im Kühlschrank für den nächsten oder übernächsten Tag auf. Dann bereiten Sie daraus Bratkartoffeln mit Speck und Ei. Oder Sie kochen die doppelte Menge Nudeln und verwenden den Rest für einen Auflauf. Das funktioniert nicht nur mit den Beilagen. Ein Klassiker beim Kettenkochen sind Hühnersuppe am ersten und Hühnerfrikassee am nächsten Tag. Auf diese Weise sparen Sie Zeit und auch Energiekosten.

– Wählen Sie überwiegend Obst und Gemüse, die gerade Saison haben und aus Ihrer Region stammen. Das bringt durch die kurzen Lieferwege nicht nur die meisten Vitamine auf den Tisch, sondern ist auch am preiswertesten. Erdbeeren, die im Dezember aus Spanien geliefert werden, sind sehr teuer, Erdbeeren aus Deutschland im Juni dagegen durchaus bezahlbar.

So ist ein Wochenplan aufgebaut

Um einen Wochenplan auf Dauer umzusetzen, ist wie bei vielen Tipps in diesem Buch etwas Disziplin, Überlegung und Vorbereitung notwendig. Wenn Sie aber erst mal eine gewisse Routine entwickelt haben, ist die Wochenplanung schnell erledigt. Aber zumindest für den Anfang kann es sinnvoll sein, sich an ein festes Grundgerüst zu halten, um für Abwechslung zu sorgen. Wochenpläne können z. B. nach den Grundzutaten, die zum Einsatz kommen, oder nach der Zubereitungsart erstellt werden.

Außerdem sollte noch eine Spalte vorhanden sein, in der Sie die Zutaten eintragen, die Sie benötigen und nicht im Haus haben. Diese Spalte macht später einen Teil des Einkaufszettels aus (siehe Kapitel 5 »Schreiben Sie Einkaufslisten«). Solche Pläne können Sie auch als Vegetarier, Veganer oder für alle anderen Ernährungsformen schreiben.

Beispiel:

Wochentag	nach Grundzutat	noch benötigte Zutaten
Montag Restetag	was noch da ist und wegmuss, z. B. als Auflauf, in der Pfanne angebraten, mit Ei überbacken	
Dienstag Gemüsegericht	z. B. Gemüseauflauf, Minestrone	
Mittwoch Reisgericht	z. B. Risotto, Curryreis	
Donnerstag Nudelgericht	z. B. Gnocchi, Spaghetti, Nudelauflauf	
Freitag Fischgericht	z. B. Matjes, gedünsteter Fisch	
Samstag Eierspeise	Kaiserschmarrn mit Obstkompott, Spiegel- oder Rührei, Omelett	
Sonntag Fleischgericht	z. B. Putengeschnetzeltes, Rouladen o. Ä.	

Wochentag	nach Zubereitung	noch benötigte Zutaten
Montag Restetag	was noch da ist und wegmuss, z. B. als Auflauf, in der Pfanne angebraten, mit Ei überbacken	
Dienstag Pfannengericht	z. B. Omelett, Bratkartoffeln, Spiegelei	
Mittwoch Suppe	in allen Variationen, z. B. Bohnensuppe, Minestrone	
Donnerstag Ofengericht	z. B. Pizza, Quiche, gefüllter Blätterteig	

Freitag Aus dem Wok	z. B. Chinesisch, Thai-Küche
Samstag Süßspeise	z. B. Milchreis, Eierkuchen mit Obstkompott
Sonntag Braten	z. B. Schweinebraten, gegrilltes Hähnchen

Probieren Sie regelmäßig neue Rezepte aus. Was Ihnen schmeckt, nehmen Sie häufiger in den Plan auf, was nicht, bleibt draußen. So verhindern Sie, dass sich der Plan schon nach kurzer Zeit wiederholt und Langeweile aufkommt.

Tipp: Wenn Sie selbst nicht genügend Ideen haben und Ihre Kochbücher Ihnen auch nicht weiterhelfen, klicken Sie sich durchs Internet, durch Blogs und Websites. Kaum etwas ist in einer solchen Fülle im Netz vorhanden wie Rezepte für alles Mögliche. Eine Google-Suche mit den Stichwörtern »Hühnersuppe« und »Rezept« ergibt 283.000 Treffer – mit Rezepten rund um den Globus und von einfach bis raffiniert.

Vor allem bei preiswerten Zutaten kann eine Rezeptsuche sehr sinnvoll sein. Wenn Sie z. B. keine Idee haben, was Sie aus Hülsenfrüchten wie Linsen oder Kichererbsen – beide sowohl preiswert als auch nahrhaft und lecker – machen können, bekommen Sie so eine Menge Ideen für echte Sparessen!

Sechs Tipps, wie Sie den Wochenplan am besten umsetzen

Wenn in Ihrem Haushalt mehrere Personen leben, sollten sich alle an der Planung beteiligen. Setzen Sie sich zusammen und sammeln Sie gemeinsam Ideen. Wer hat auf was Appetit? Welches Gericht hat es schon längere Zeit nicht mehr gegeben? Gleichen Sie dies mit den Vorräten ab und versuchen Sie, jedem Familienmitglied einen

Essenswunsch zu erfüllen. Hängen Sie das Ergebnis gut sichtbar auf.

Viele Menschen kommen mit dem Wochenplan besser zurecht, wenn sie zwar die Gerichte planen, aber die Reihenfolge innerhalb der Woche flexibel halten.

Eine andere Möglichkeit, die Akzeptanz zu erhöhen, ist, nicht alle Tage fest zu verplanen, sondern einen oder zwei Tage für spontane Kochideen offenzuhalten.

Wenn Sie doch mal etwas anderes als vorgesehen kochen, können Sie die folgenden Gerichte einfach um einen Tag verschieben – oder das geplante Essen dennoch kochen und einfrieren. So haben Sie gleich etwas für Tage, an denen die Zeit zu knapp ist, um sich an den Herd zu stellen.

Wenn Sie am Wochenende planen, aber während der Woche feststellen, dass Sie auf etwas ganz anderes Appetit haben, sollten Sie den Wochenplan als fortlaufenden Plan gestalten. Dann hängen Sie das Gericht, das Sie gern essen möchten, einfach unten an und kochen es demnächst. So können Sie sich schon eine Weile vorher darauf freuen.

Sammeln Sie eine Reihe von sehr preiswerten, aber dennoch leckeren und gesunden Gerichten, etwa eine Kartoffel-Möhren-Suppe oder Nudeln mit einer einfachen Tomatensoße. Je nachdem, wie knapp Sie bei Kasse sind, bauen Sie mehr oder weniger dieser Sparessen in den Wochenplan ein. Wenn am Monatsende nur noch wenig Geld im Portemonnaie ist, haben Sie damit immer noch eine Auswahl zur Verfügung.

Übung 9

Gehen Sie an Ihre Küchenschränke und sichten Sie Ihre Vorräte. Greifen Sie sich drei beliebige Zutaten heraus und überlegen Sie sich zu jeder mindestens ein Gericht, in das Sie sie einbauen können.

4. SÄULE: HALTEN SIE IHRE FIXKOSTEN NIEDRIG

Sie sind nach der Lektüre der bisherigen Kapitel zu der Erkenntnis gekommen, dass Sie eine gesunde Einstellung zum Geld haben, Ihre Ausgaben auch mittelfristig einwandfrei decken und einen ausreichenden Puffer problemlos einplanen können? Herzlichen Glückwunsch! In diesem Fall müssen Sie dieses Kapitel nicht lesen. Empfehlen würden wir es trotzdem. Denn selbst wenn bei Ihnen finanziell alles bestens aussieht, verbergen sich bei den Fixkosten häufig noch größere Sparmöglichkeiten.

In allen anderen Fällen, wenn bei Ihnen das Geld also gelegentlich etwas knapp ist, empfehlen wir sogar dringend, Ihre Fixkosten unter die Lupe zu nehmen und ihnen gegebenenfalls zu Leibe zu rücken.

»Fix« heißt nicht »unveränderbar«

Fixkosten, das haben Sie in Kapitel 2 bereits gelesen, sind all jene Kosten, die regelmäßig, sei es nun monatlich, vierteljährlich oder jährlich, in gleicher Höhe anfallen. Weil das so ist, kann man sie besonders gut einplanen. Dummerweise verleitet das oft dazu, sie nicht weiter zu analysieren. Sie sind halt da und müssen bezahlt werden. Basta.

Das stimmt natürlich in gewisser Weise auch. Wenn Sie Ihre Miete oder die Rate für das Auto nicht bezahlen, haben Sie definitiv ein Problem. Aber wenn die Struktur Ihrer Fixkosten nicht stimmt – sprich: wenn sie im Verhältnis zu Ihrem Einkommen einfach zu hoch sind –, dann haben Sie ein mindestens genauso großes Problem. Nur dass es oft erst später sichtbar wird.

Viele Menschen nehmen sich selbst nach und nach mit immer mehr Fixkosten jeglichen finanziellen Spielraum und merken zu spät, dass sie am Ende selbst Essen und Kleidung nicht mehr aus ihrem laufenden Einkommen bezahlen können.

Beispiel

Eine Bankberaterin schilderte uns folgenden Fall aus ihrer Praxis. Zwei ihrer Kunden, nennen wir sie Klaus und Larissa, baten sie um ein Gespräch, weil ihr Konto seit Monaten mit 3.000 Euro oder mehr überzogen war und die Bank darüber nachdachte, das Konto zu sperren. Larissa arbeitete in Vollzeit, Klaus besuchte eine Fachschule und jobbte nebenher. So sah die finanzielle Situation der beiden aus:

Gemeinsames Nettoeinkommen	**1.700 Euro**
Miete	530 Euro
Strom, Heizung, andere Nebenkosten	250 Euro
Telefon/Smartphone/Internet	50 Euro
Monatskarte Klaus	120 Euro
Autokosten (Raten, Steuer, Versicherung, Sprit)	360 Euro
Versicherungen	50 Euro
Kredit 1 (vor einem Jahr aufgenommen zur Finanzierung der Möbel usw., 5.000 Euro zu 0,0 %)	166 Euro
Weitere kleinere Kredite (Versandhäuser), ges.	40 Euro
Gesamte monatliche Fixkosten	**1.566 Euro**

Beiden blieben also nach Abzug ihrer Fixkosten gerade mal 134 Euro für Lebensmittel, Kleidung und alles, was man sonst zum Leben braucht. Egal wie sparsam die beiden waren, das konnten sie gar nicht schaffen. Aber was sollten sie tun?

Das Beispiel von Klaus und Larissa ist in mehrfacher Hinsicht typisch: Hier kämpfen zwei Menschen mit Geldproblemen, die eigentlich gar kein so schlechtes Nettoeinkommen haben. Bei ihnen wurden einfach nach und nach die Fixkosten zu hoch, sodass sie unaufhaltsam in die Miesen rutschten und trotz aller Sparbemühungen nicht wieder herauskamen.

Immerhin war ihre Bank so fair, ihnen vor der Kontosperre eine Chance auf ein Gespräch und den Versuch einer Problemlösung zu geben.

Typisch ist auch die Kostenstruktur, die das Problem verursacht hat. Die größten Fixkostenblöcke in eigentlich jedem Haushalt sind nämlich (in dieser Reihenfolge):

- Miete und Energiekosten
- Mobilitätskosten (Auto, Fahrkarten)
- Kredite
- Versicherungen

Sind diese Kosten im Verhältnis zum verfügbaren Einkommen zu hoch, müssen sie radikal gesenkt werden. Sie zu verändern, ist allerdings vergleichsweise aufwendig und unbequem, weswegen viele Menschen erst spät und nur zögerlich damit beginnen. Dabei ist das Sparpotenzial hier oft besonders groß. Die Frage nach der Finanzierung von Anschaffungen und nach den verschiedenen Kreditarten mit ihren Vor- und Nachteilen werden wir in Kapitel 6 näher beleuchten. Die übrigen Punkte packen wir hier an:

Miete und Energiekosten

Klaus und Larissa aus unserem Beispiel geben 31 Prozent ihres Nettoeinkommens nur für die Miete aus. Inklusive der Energiekosten sind es sogar fast 46 Prozent. Das ist auf jeden Fall zu viel.

Der Anteil am verfügbaren Haushaltsnettoeinkommen, den die Bundesburger für Wohnkosten aufwenden mussten, lag 2014 bei durchschnittlich 27 Prozent (Quelle: Statistisches Bundesamt). Bei Ein- und Zweipersonenhaushalten ist dieser Anteil zwar tendenziell höher, aber über ein Drittel sollte er einfach nicht steigen.

Mietkosten senken

Grundsätzlich gibt es drei Wege, den Anteil der Mietkosten an den Gesamtausgaben zu senken. Sie können

- ins mietfreie Wohnen wechseln, also entweder wieder heim zu Muttern ziehen oder eine eigene Wohnung kaufen. Mittelfristig sollten Sie über Letzteres nachdenken. Bei einer soliden Finanzierung sparen Sie mit der eigenen Wohnung Miete und bauen Vermögen für die Altersvorsorge auf. Allerdings müssen Sie dazu einen Grundstock an Eigenkapital angespart und außerdem ein einigermaßen sicheres Arbeitsverhältnis mit entsprechendem Einkommen haben. In Ihrer jetzigen Lebensphase als Haushaltsgründer ist Wohneigentum daher noch nicht das Richtige.

- einen Teil der Wohnung wenigstens zeitweise untervermieten. Ob Sie das können, hängt natürlich auch davon ab, wie groß die Wohnung ist und wie sie aufgeteilt ist. Für ein Einzimmerappartement dürfte die Untervermietung keine echte Alternative sein. Untermieter auf Zeit finden Sie leicht über Plattformen wie Airbnb.

Allerdings gibt es hier eine rechtliche Einschränkung, die Sie unbedingt beachten sollten: Die gewerbliche Untervermietung an Dritte muss von Ihrem Vermieter genehmigt werden (§ 540 Bürgerliches Gesetzbuch). Wenn Sie diese Genehmigung nicht einholen und trotzdem fröhlich Zimmer über Airbnb anbieten, darf der Vermieter unter Umständen sogar fristlos den Mietvertrag kündigen (§ 543 Abs. 2 Satz 2 BGB). Einige Städte wie etwa Berlin haben zudem ein sogenanntes Zweckentfremdungsverbot erlassen, mit dem verhindert werden soll, dass Wohnraum als Ferienwohnung missbraucht wird. Wenn Sie ein Zimmer dauerhaft an Touristen vermieten, können Sie unter diese Regelung fallen. Informieren Sie sich rechtzeitig.

Wenn die Untervermietung nicht möglich ist, bleibt Ihnen nur Möglichkeit drei:

– in eine billigere Wohnung umziehen. Hier liegt das mit Abstand größte Sparpotenzial: 100 Euro weniger Miete im Monat machen bereits eine Ersparnis von 1.200 Euro im Jahr aus – Geld, das Sie in den sonstigen Konsum und/oder in Ihren Sparstrumpf stecken können. Natürlich kostet auch ein Umzug Geld, und zwar nicht wenig. Sie müssen die alte Wohnung renovieren und die neue eventuell auch noch. Sie brauchen Kisten und Verpackungsmaterial für das Umzugsgut und einen Transporter, mit dem Sie es von A nach B schaffen oder befördern. Und selbst wenn Ihnen viele liebe Freunde beim Kistenschleppen helfen, werden Sie denen nicht nur Benzinkosten erstatten, sondern sie auch mit Kaffee, Kuchen und einem Imbiss versorgen. Außerdem müssen Sie Ihrem neuen Vermieter die Kaution überweisen, obwohl Sie die alte Kaution noch nicht wieder zurückbekommen haben. Und womöglich findet Ihr alter Vermieter Gründe, um die Kaution überhaupt nicht zurückzuzahlen.
  All diese Kosten müssen Sie einrechnen, wenn Sie einen Umzug planen. Wenn Sie in der neuen Wohnung nur 20 Euro Miete (inklusive Mietnebenkosten) weniger zahlen, wird sich

ein Umzug kaum lohnen. Zudem muss Ihre neue Wohnung in vernünftiger Nähe zu Ihrem Arbeits-, Ausbildungs- oder Studienplatz liegen, sonst fressen die höheren Kosten für Ihre Mobilität die Mietersparnis schnell auf. Aber wenn Sie etwas deutlich Billigeres in günstigerer Lage als Ihre bisherige Wohnung finden können, sollten Sie zugreifen. Selbst wenn die neue Wohnung nicht so schön, so ruhig oder so gut geschnitten ist. Derlei Dinge können Sie sich später leisten, wenn sich Ihre Einkommenssituation deutlich und dauerhaft verbessert.

Unser Rat an Klaus und Larissa aus dem Beispiel oben lautet daher: Suchen Sie sich mittelfristig eine billigere Wohnung. Und prüfen Sie, ob Sie nicht auf das Auto verzichten können.

Energieverbrauch senken

Ihr Verbrauch an Strom und Heizung schwankt je nach Jahreszeit und Ihren individuellen Gewohnheiten. Die Abschlagszahlungen, die Sie dafür leisten, sind aber fix. Sie können sie dauerhaft senken oder wenigstens trotz steigender Energiepreise konstant halten, wenn Sie sparsam im Energieverbrauch sind.

Zum Energiesparen können wir Ihnen wahrscheinlich nicht viel erzählen, das Sie noch nicht wissen. Eventuell geben unsere Anregungen Ihnen aber den Anstoß, ein paar der erwähnten Maßnahmen auch tatsächlich umzusetzen. Also:

Alles, was Strom braucht, sollten Sie nur dann einschalten, wenn Sie es tatsächlich benötigen, und darauf achten, dass es nach dem Ausschalten nicht im Standby-Betrieb weiterläuft. Insbesondere Fernseher und Computer schlucken sonst viel Strom. Ein ganz normaler PC mit Bildschirm und Drucker braucht, wenn Sie ihn durchschnittlich fünf Stunden am Tag laufen lassen, ohnehin bereits Strom für etwa 100 Euro im Jahr! Ausnahme: Ihren Tintenstrahldrucker lassen Sie besser durchlaufen – er spült nämlich bei jedem Einschalten seine Düsen mit frischer Tinte. Tinte ist deutlich teurer als Strom …

Kühlschränke, Gefriertruhen und Waschmaschinen älterer Bauart sind gierige Stromfresser, die den Verbrauch und damit die Kosten enorm nach oben treiben können. Hier lässt sich oft schon sparen, wenn Sie ein billiges, deutlich kleineres Gerät kaufen.

Inwieweit Sie mit hohen Heizkosten leben müssen, ist zum einen eine Frage Ihres Wärmeempfindens (eine Strickjacke anziehen hilft Energie zu sparen!), zum anderen eine Frage des Bau- und Dämmzustands Ihrer Wohnung. Wir müssen uns alle darauf einstellen, dass die Öl- und Gaskosten in Zukunft unaufhaltsam steigen werden. Der Heizbedarf sollte daher bei der Wohnungswahl berücksichtigt werden. Ein feuchter, zugiger Altbau kann wegen der hohen Heizkosten trotz niedriger Grundmiete unter dem Strich schnell zu teuer werden.

Unabhängig vom Bauzustand gilt: Im Winter sollten Sie lieber auf relativ niedrigem Niveau durchgehend heizen, als die Wohnung tagsüber völlig auskühlen zu lassen und abends die Heizung hochzujagen, damit die Räume wieder bewohnbar werden. Das verringert übrigens auch die Gefahr der Bildung von gesundheitsschädlichen Schimmelpilzen.

Den Stromversorger wechseln

Es ist ja nicht allzu viel Liberalisierung auf dem Strommarkt verwirklicht worden. Trotzdem haben Sie die Wahl zwischen zahlreichen Anbietern, deren Preise sich tatsächlich unterscheiden. Und zwar nicht nur ein bisschen: Schon in einem Einpersonenhaushalt können Sie jährlich 150 bis 200 Euro an Stromkosten nur durch die Wahl des günstigsten Anbieters sparen. Viele Anbieter locken zusätzlich mit Neukundenboni. Sie sollten sich nicht länger als zwölf Monate binden und jährlich einen Strompreisvergleich machen, bei dem Sie prüfen, ob Ihr Anbieter noch unter den günstigeren ist.

Internettipp

Nutzen Sie dazu regelmäßig Vergleichsportale wie www.verivox.de, www.check24.de oder www.stromtip.de.

Beachten Sie bei der Nutzung von derartigen Internetvergleichsportalen, dass diese selbstverständlich auch ihre eigenen Interessen verfolgen: Für Sie ist die Recherche dort kostenlos. Bezahlt werden die Portale über Provisionen von den Stromanbietern, Versicherungen und Instituten, deren Produkte sie vergleichen und zum Verkauf anbieten. Anbieter, die keinen Vertrag mit dem Portal schließen, werden dort auch nicht gelistet (genauer gesagt: ihre Produkte). Daher sollten Sie auch die Portale selbst bzw. deren Suchergebnisse miteinander vergleichen und nachsehen, ob jeweils dieselben Angebote unter den Top 5 auftauchen, bevor Sie sich für eines entscheiden.

Mobilitätskosten

Die Kosten für Ihr Auto oder die öffentlichen Verkehrsmittel hängen indirekt mit Ihren Wohnkosten zusammen. Grundsätzlich ist es sowohl aus ökonomischer als auch aus ökologischer Sicht sinnvoll, möglichst nah am Arbeits-, Ausbildungs- oder Studienort zu wohnen. Wenn Sie zu Fuß oder mit dem Fahrrad dorthin kommen können, brauchen Sie weder eine Monatskarte noch ein Auto. Das spart einen Riesenbatzen Geld und Sie tun mit dem täglichen Fußmarsch oder Ihrer »Radtour« sogar noch etwas für Ihre Gesundheit.

Wenn es irgendwie möglich ist, sollten Sie daher versuchen, ohne Auto auszukommen. Mag sein, dass das nicht richtig cool ist. Aber mit dem dadurch gesparten Geld – und wir reden hier von vierstelligen Eurobeträgen jährlich! – können Sie eine Menge Dinge finanzieren, die Ihnen richtig Spaß machen.

Falls Sie auf dem Land wohnen oder die Wohnungen in der Nähe Ihres Arbeitsplatzes so teuer sind, dass die höheren Mietkosten die Mobilitätskostenersparnis mehr als wettmachen, sieht die Sache natürlich anders aus. Ebenso, wenn Sie zu zweit sind und Ihre Lern- bzw. Arbeitsorte räumlich weit auseinanderliegen. Dann werden Sie zumindest zwei Monatskarten für die öffentlichen Verkehrsmittel als Fixkosten verbuchen müssen.

Monatliche Leasing- oder Kreditraten fürs Auto

Auf Kreditfinanzierungen werden wir in Kapitel 6 näher eingehen. Aber auch an dieser Stelle können wir nur eines empfehlen: Kaufen Sie kein Auto, wenn Sie das Geld dafür nicht bereits angespart haben. Wenn Sie nur wenig Erspartes haben, sollten Sie lieber für 2.000 Euro eine »alte Schüssel« mit noch ein bis zwei Jahren

TÜV kaufen und diese fahren, solange es geht, statt sich monatlich dreistellige Leasing- oder Kreditraten ans Bein zu binden.

Ein Auto zu leasen oder mit einem Kredit zu finanzieren, ist ein Weg, den Sie nur im Ausnahmefall gehen sollten. Nämlich nur dann, wenn Sie überhaupt kein Geld auftreiben können, ohne Auto wirklich nicht zur Arbeit kommen und ein Umzug nicht infrage kommt.

»Leasen oder auf Kredit kaufen?«, lautet dann die Frage.

Hintergrund: Was ist eigentlich Leasing?

Der englische Begriff »Leasing« bedeutet »Überlassung auf Zeit gegen Entgelt«. »Leasen« ist nicht gleichzusetzen mit »Mieten«, denn dazu gibt es einige juristische Unterschiede: Wenn Sie beispielsweise eine Wohnung mieten, bezahlen Sie mit der Miete ein Entgelt für das Nutzungsrecht an der Wohnung. Für Renovierungen und Reparaturen ist der Vermieter zuständig.

Beim Leasing ist das anders: Zwar zahlen Sie als Leasingnehmer für ein Auto ein monatliches Nutzungsentgelt wie eine Miete. Sie müssen aber zusätzlich eine Anzahlung in Höhe von ca. 20 Prozent des Bruttofahrzeugpreises leisten und für Inspektionen und Reparaturen zahlen Sie ebenfalls. Wie bei der Wohnung ist das gezahlte Geld einfach »weg«. Wenn der Leasingvertrag abgelaufen ist, geben Sie das Fahrzeug zurück – wenn es in einwandfreiem Zustand ist, müssen Sie auch nichts nachzahlen – und das war's dann.

Üblicherweise können Sie beim Auto-Leasing zwischen einem Kilometer-Leasing und einem Restwert-Leasingvertrag wählen. Beim Kilometer-Leasing legen Sie schon bei Vertragsschluss fest, wie viele Kilometer Sie mit dem Auto während der gesamten Vertragslaufzeit (z. B. 36 Monate) fahren werden. Das können Sie gut kalkulieren, wenn Sie überlegen, wie oft Sie die Strecke zur Arbeit und zurück fahren und welche Fahrten sonst noch dazukommen. Die Monatsrate wird dann an dieser geplanten Kilometerleistung ausgerichtet. Fahren Sie mehr Kilometer, müssen Sie für diese extra bezahlen. Fahren Sie weniger, bekommen Sie die entsprechende Summe bei Vertragsende erstattet.

Beim Restwert-Leasing vereinbaren Sie dagegen den Wert, den das Fahrzeug nach Vertragsende noch haben soll. Dann verkauft der Leasinganbieter das Fahrzeug zu einem möglichst hohen Preis, der zu 75 Prozent an Sie als Leasingnehmer und zu 25 Prozent an den Leasinggeber geht. Problematisch wird das dann, wenn der vorher vereinbarte Restwert beim Verkauf nicht erlöst wird, sei es, weil das Fahrzeug aufgrund nachlässiger Pflege in schlechtem Zustand ist, sei es, weil das Modell schlicht nicht so gefragt ist. Dann müssen Sie als Leasingnehmer den fehlenden Betrag ersetzen oder selbst als Käufer (zum vollen Restwertpreis) einspringen.

Wenn Sie ein Fahrzeug leasen müssen, dann sollten Sie vorsichtshalber die Variante des Kilometer-Leasings wählen und die jährliche Fahrleistung lieber ein wenig großzügiger schätzen. Selbstverständlich müssen Sie das Fahrzeug Vollkasko versichern, tipptopp pflegen, alle Inspektionstermine in Vertragswerkstätten wahrnehmen und Reparaturen sofort ausführen lassen. Zudem sollten Sie im Wagen weder rauchen noch essen, damit Sie bei der Rückgabe keine teure Überraschung in Form einer hohen Nachzahlung erwartet. Immerhin brauchen Sie sich dann nicht mehr selbst um den Weiterverkauf des Wagens zu kümmern.

Da die Monatsraten sich neben der Kilometerleistung am Wert des Fahrzeugs bemessen, sollten Sie lieber ein billiges Standardmodell wählen. Auch wenn die Versuchung angesichts der auf den ersten Blick überschaubaren Monatsraten groß ist, einen schicken Wagen mit Sonderausstattung auszusuchen – bleiben

Sie hart. Unter dem Strich wird das Leasing in der Regel aber teurer als eine Kreditfinanzierung.

Die Alternative zum Leasing ist der Ratenkredit, den Sie beim Autohändler oder bei einer Bank bekommen können. Die Höhe der Kreditraten hängt von der Laufzeit des Kredits und dem Zinssatz ab. Kleinere Monatsraten bedeuten automatisch eine längere Laufzeit und damit insgesamt höhere Kreditkosten (denn wenn der Vertrag länger läuft, müssen Sie auch bei einem niedrigen Zinssatz in absoluten Zahlen mehr Zins zahlen als bei einer kürzeren Laufzeit).

Es gibt auch Autofinanzierungen mit kleinen Kreditraten, die teilweise sogar mit 0 Prozent Zinsen locken. Dabei handelt es sich um sogenannte Ballonkredite, die eine Art Mischung aus Kredit und Leasing darstellen: Sie schließen den Kreditvertrag, zahlen monatliche kleine Raten und am Ende dann einen dicken Batzen, den Ballon. Den »Ballon« müssen Sie aber während der Kreditlaufzeit ansparen und ihn die ganze Zeit mitverzinsen. Falls Sie das Geld für den Ballon am Ende der Laufzeit nicht angespart haben, können Sie ihn wiederum nur über einen neuen (dann meist teureren) Kredit finanzieren. Als dritten Weg können Sie eventuell das Auto zurückgeben, wie beim Leasing. Dann haben Sie aber wieder die Restwertproblematik am Hals.

Hier sollten Sie ebenfalls mehrere Finanzierungsarten bei verschiedenen Anbietern vergleichen und genau ausrechnen, was das Auto am Ende tatsächlich in Euro kostet. Sie werden sehen, dass ein niedrigerer Zinssatz nicht immer einen geringeren Zahlungsbetrag bedeutet.

Internettipp

Auch für Autofinanzierungen gibt es Internetvergleichsrechner, die Sie vor einer Finanzierungsentscheidung heranziehen sollten, z. B. kredit.check24.de, www.finanzcheck.de und www.smava.de.

Der Vorteil der Kreditfinanzierung gegenüber dem Leasing ist, dass Ihnen der Wagen am Ende gehört. Außerdem können Sie, wenn Sie das Auto doch nicht mehr brauchen oder sich den Unterhalt nicht mehr leisten können, es dann verkaufen und mit dem Verkaufserlös den Kredit (wenigstens teilweise) zurückzahlen.

Grundsätzlich problematisch ist bei Autofinanzierungen, dass der Wert des Autos mit jedem Jahr und jedem gefahrenen Kilometer weiter sinkt. Ein Kauf per Ratenkredit läuft deswegen immer darauf hinaus, dass das Fahrzeug am Ende deutlich weniger wert ist, als Sie dafür bezahlt haben.

Fazit: Ein Auto sollten Sie eigentlich nur dann kaufen, wenn Sie es bar bezahlen können. Wenn das nicht möglich ist, Sie aber wirklich unbedingt ein Auto brauchen, ist ein Ratenkredit die zweite Wahl. Leasing stellt die ungünstigste Alternative dar. Klaus und Larissa, dem Paar aus unserem Beispiel zu Beginn dieses Kapitels, raten wir: Verkaufen Sie das Auto und zahlen Sie den Kredit dafür aus dem Verkaufserlös so schnell wie möglich zurück. Selbst wenn Klaus dann eine Monatskarte für ebenfalls 120 Euro braucht, ergibt sich eine Ersparnis von über 200 Euro monatlich.

Kfz-Steuer und -Versicherung

Einmal im Jahr müssen Sie für Ihr Auto die Kfz-Steuer entrichten, deren Höhe sich nach dem Hubraum und den Schadstoffemissionen richtet. Ältere Modelle sind wegen der schlechteren Abgaswerte automatisch teurer. Ein Grund mehr, ein kleines Auto mit wenig Hubraum zu wählen. Andere Sparmöglichkeiten haben Sie hier nicht.

Internettipp

Online-Rechner, mit denen Sie vorab die Höhe der Kfz-Steuer ermitteln können, finden Sie z. B. unter www.kfz-steuercheck.de, www.kfz-steuer.de oder www.autobild.de/kfz-steuer.

Anders sieht es bei der Kfz-Versicherung aus, deren Prämie von mehreren Faktoren abhängt: Welchen Versicherungsumfang Sie wählen, welcher Schadensfreiheitsklasse Sie angehören und zu welcher Typklasse Ihr Auto sowie zu welcher Regionalklasse das Zulassungsgebiet (also normalerweise Ihr Wohnort) gehört.

Den Versicherungsumfang – Kfz-Haftplicht-, Teilkasko- oder Vollkaskoversicherung – können Sie selbst frei wählen. Ein Mindeststandard ist aber verpflichtend: Die Kfz-Haftpflichtversicherung ist Bedingung dafür, dass Ihr Auto überhaupt zugelassen werden kann. Sie übernimmt die Bezahlung von Schäden an Personen und Gegenständen, die entstehen, wenn durch Ihr Verschulden ein Unfall geschieht.

Die Teilkaskoversicherung kommt zusätzlich für folgende Schäden auf, die in der Kfz-Haftpflichtversicherung nicht abgedeckt sind: Diebstahl, Glasbruch, Brand und Explosionen, Unwetterschäden (Hagel, Überschwemmung, Blitzschlag) und Unfälle durch Kollisionen mit Haarwild. In der Vollkaskoversicherung sind alle Leistungen der Teilkaskoversicherung enthalten. Zusätzlich werden Kosten übernommen, die durch mutwillige Beschädigungen (Kratzer, abgebrochene Spiegel) am Fahrzeug entstehen, und die Blechschäden, die bei selbst verschuldeten Unfällen am eigenen Auto passieren.

Voll- und Teilkaskoversicherungen sind teuer; eine Vollkaskoversicherung kann ohne Weiteres eine dreimal so hohe Prämie verursachen wie eine Kfz-Haftpflicht. Für Autos, die älter als drei oder vier Jahre sind, sollten Sie daher eine Teilkasko-, bei einem nur noch geringen Wert des Fahrzeugs dann nur noch eine Kfz-Haftpflichtversicherung abschließen.

Deren Prämienhöhe hängt zunächst von Fahrzeugtyp und Regionalklasse ab. Ihr Wagen wird einer Typklasse zugeordnet, die sich nach der bisherigen Schadenstatistik richtet. Modelle, die besonders oft in (kostspielige) Unfälle verwickelt waren, sind teurer in der Versicherung. Dazu gehören die sportlicheren Diesel-Varianten, Geländewagen, Kleinbusse und leider auch ältere Modelle, die besonders oft von Fahranfängern gekauft werden.

Internettipp

Welcher Typklasse Ihr Wunschfahrzeug angehört, finden Sie z. B. hier heraus: www.typklasse.de.

Zusätzlich gibt es noch Regionen, in denen besonders viele schwere und damit teure Unfälle passieren. Dort zugelassene Fahrzeuge landen deswegen in teureren Regionalklassen.

Erheblichen Einfluss auf die tatsächliche Prämienhöhe hat zudem die Schadensfreiheitsklasse (SF-Klasse). Als Fahranfänger starten Sie mit der SF-Klasse 0 und damit meist mit 240 Prozent des regulären Prämiensatzes. Das ist richtig teuer. Zum Glück können Sie diese Regelung umgehen, wenn Sie z. B. den Wagen zunächst als Zweitwagen Ihrer Eltern anmelden, sodass Sie statt mit 240 möglicherweise nur mit 140 Prozent einsteigen. Viele Versicherer bieten auch Eltern-Kind-Tarife an, bei denen Sie als Fahranfänger eine günstigere Schadensfreiheitsklasse bekommen, wenn Sie die Versicherung beim selben Anbieter abschließen wie Ihre Eltern.

Als wäre das noch nicht kompliziert genug, beeinflussen etliche weitere Faktoren die Prämienhöhe. Je nach Anbieter wirken sie sich unterschiedlich stark aus. Solche Faktoren sind z. B. Ihr Lebensalter, Ihr Beruf, Ihre Fahrleistung pro Jahr, das Alter Ihres Fahrzeugs, die Antwort auf die Frage, ob Sie ein Carport oder eine Garage dafür haben und wer außer Ihnen noch mit dem Auto fährt.

Wirklich übersichtlich ist die Lage bei der Kfz-Versicherung also nicht – das ist natürlich auch im Interesse der Versicherer, die bei leichter vergleichbaren Angeboten einem wesentlich stärkeren Wettbewerb ausgesetzt wären. Trotzdem sollten Sie Zeit und Mühe in Vergleiche investieren, da Sie mit der Wahl des günstigsten Anbieters Ihre Fixkosten um dreistellige Eurobeträge im Jahr senken können.

Tipp: Die Kfz-Versicherungen können Sie jährlich zum 30.11. kündigen. Es lohnt sich also, jedes Jahr wieder die Tarife zu vergleichen und gegebenenfalls zu wechseln.

Online-Vergleichsrechner zur Kfz-Versicherung finden Sie z. B. unter www.kfz-versicherung.com, www.check24.de oder www.verivox.de/Kfz-Versicherungen.

Kosten für sonstige Versicherungen

Wenn Sie ein Auto zulassen und fahren wollen, müssen Sie eine Kfz-Haftpflichtversicherung haben. Sie können dann nur noch entscheiden, welche Sie konkret wählen (natürlich die günstigste). Ähnlich sieht es bei der gesetzlichen Krankenversicherung aus. Auch hier sind Sie gezwungen, eine abzuschließen, können aber den Anbieter nach Kostengesichtspunkten aussuchen. Arbeitslosen-, Pflege und Rentenversicherung sind für Sie dagegen reine Zwangsveranstaltungen ohne irgendwelche Wahl- und Sparmöglichkeiten.

Alle anderen Versicherungen sind wiederum rein freiwillig. Bei ihnen geht es erst in zweiter Linie um die Wahl des günstigsten Anbieters. In erster Linie ist zu überlegen, welche Versicherungen Sie überhaupt brauchen bzw. welche in Ihrer Lebensphase sinnvoll sind und welche eben nicht. Unnötige und/oder zu teure Versicherungen blähen Ihre Fixkosten unnötig auf. Es lohnt sich daher, vor dem Abschluss genau nachzudenken sowie Leistungen zu vergleichen und nachzurechnen.

Internettipp

Unabhängige Tests und Vergleiche für praktisch alle Versicherungsarten finden Sie im Internet unter www.finanztest.de.

Zwar sind die einzelnen Testberichte kostenpflichtig, dafür können Sie sicher sein, dass die Informationen verbraucherorientiert recherchiert wurden.

Interview mit Bianca Boss, Pressereferentin beim Bund der Versicherten e. V. (BdV)

Welche Fehler in Bezug auf Versicherungen machen junge Leute typischerweise?

Das Thema Versicherungen ist für viele junge Leute einfach unsexy. Damit möchten sie sich nicht beschäftigen und auch kein Geld hineinstecken. Deswegen haben sie meist nur die gesetzlich verpflichtenden Versicherungen, nämlich eine Krankenversicherung und eine Kfz-Haftpflicht. Die Vorstellung, dass man eine andere Versicherung einmal ernsthaft brauchen könnte, ist für die meisten ganz weit weg.

Welche zusätzliche Versicherung ist denn für junge Leute aus Ihrer Sicht ernsthaft notwendig?

Sie sollten sich einfach die Frage stellen, welche Risiken Sie wirklich ruinieren können. Mit »ruinieren« meine ich, dass Sie Ihren Lebensunterhalt nicht mehr nach eigenen Vorstellungen gestalten und finanzieren können, sondern auf Hartz IV angewiesen sind.

Dann kommen Sie sehr schnell auf zwei entscheidende Risiken: erstens ein Unfall oder eine Krankheit, die dazu führt, dass man nicht mehr arbeiten kann. Hier bietet eine Berufsunfähigkeitsversicherung Schutz. Zweitens ein Unfall oder anderer Schaden, den man selbst verursacht und der dazu führt, dass man große Summen an Geschädigte zahlen muss. Dafür gibt es die private Haftpflichtversicherung.

Nun haben junge Leute aber meistens nicht viel Geld und können sich keine teuren Versicherungen leisten.

Eine gute Privathaftpflichtversicherung ist nicht teuer, die bekommen Sie ab 40 Euro im Jahr. Bei der Berufsunfähigkeitsversicherung kommt es darauf an, wie hoch der versicherte Betrag sein soll und in welchem Beruf Sie arbeiten. Eine monatliche Rente von 1.000 Euro – und weniger sollte es nicht sein – kostet für jemanden, der in einem Büroberuf arbeitet und noch jung ist, etwa 30 Euro im Monat. Das ist schon Geld, aber es ist gut eingesetzt; und es wird nur teurer, wenn Sie in späteren Lebensjahren einsteigen wollen.

Es gibt aber auch Berufe, wie etwa Maurer oder auch Lehrer, bei denen dieselbe Versicherungssumme rund 120 Euro Beitrag im Monat kostet. Das werden sich die meisten jungen Leute nicht leisten können. Sie können dann nur hoffen, dass sie möglichst lange in ihrem Job durchhalten ... Hier muss sich aus unserer Sicht dringend etwas ändern, da sollte der Gesetzgeber eingreifen, der ja die gesetzlichen Leistungen bei Berufsunfähigkeit stark reduziert hat.

Wo und wie finde ich denn die günstigste Versicherung?

Beim Versicherungsvertreter müssen Sie sich natürlich die Frage stellen, ob er Ihnen das verkauft, was für Sie am günstigsten ist, oder das, was ihm am meisten Provision einbringt. Aber Sie sollten auch nicht blind den Online-Portalen vertrauen. Dahinter stehen ebenfalls Wirtschaftsunternehmen, die von den Versicherungen pro Abschluss bezahlt werden. Ich empfehle daher, die Vergleichsportale zu vergleichen und nachzusehen, ob wirklich immer dieselben Policen ganz oben stehen.

Grundsätzlich empfehle ich aber sowieso nicht, immer die billigste Versicherung zu wählen, sondern erst zu prüfen, ob sie auch die für mich wichtigen Inhalte bietet.

So gut kennen sich aber doch viele Menschen mit der Materie gar nicht aus. Woher sollen sie wissen, welche Klauseln kritisch sind?

Ja, gerade bei der Berufsunfähigkeitsversicherung kann man beim Ausfüllen des Versicherungsvertrags viele Fehler machen, die im Schadensfall schlimme Folgen haben können. Hier empfehle ich eine persönliche Beratung, aber nicht unbedingt durch den Versicherungsvertreter. Wenn Sie eine wirklich neutrale Beratung wollen, wenden Sie sich an die Verbraucherzentralen, an einen behördlich zugelassenen Versicherungsberater oder gerne auch an den BdV.

Der Übersichtlichkeit halber führen wir die infrage kommenden Versicherungen auf:

Berufsunfähigkeitsversicherung

Sie haben es gerade gelesen: Eine Berufsunfähigkeitsversicherung (BU) sollten Sie unbedingt abschließen. Wenn Sie das Pech haben, einen Unfall zu erleiden oder eine schwere Krankheit zu bekommen und deswegen Ihren Beruf nicht mehr ausüben können, sind Sie sonst ganz schnell ein Fall für Hartz IV.

Die gesetzliche Rentenversicherung zahlt nämlich für ab 1961 Geborene keine Berufsunfähigkeitsrente mehr, sondern nur noch eine Erwerbsminderungsrente. Um Anspruch auf diese zu haben, müssen Sie mindestens fünf Jahre lang Beiträge in die gesetzliche Rentenversicherung einbezahlt haben. Zusätzlich müssen Sie in den letzten fünf Jahren vor Eintritt der Erwerbsminderung mindestens drei Jahre einer versicherungspflichtigen Beschäftigung nachgegangen sein.

Die volle Erwerbsminderungsrente gibt es außerdem nur noch unter strengen Voraussetzungen: Wenn Sie für länger als sechs Monate keine irgendwie geartete Tätigkeit für mehr als drei Stunden am Tag ausüben können. Dabei gilt jede Arbeit als zumutbar, egal welche Ausbildung oder welches Studium Sie vorzuweisen haben. Können Sie sechs oder mehr Stunden täglich irgendetwas arbeiten, bekommen Sie gar keine Rente, zwischen drei und sechs Stunden gibt es die halbe Erwerbsminderungsrente. Die Wahrscheinlichkeit, überhaupt eine solche Rente zu bekommen, ist also sehr gering.

Die Rentenhöhe richtet sich nach Ihrem vorherigen Verdienst und Ihrer Versicherungsdauer. Wie viel es genau ist, können Sie bei der gesetzlichen Rentenversicherung erfragen.

Internettipp

Die Webadresse der Rentenversicherung, unter der Sie mehr Informationen zur Erwerbsminderungsrente und auch die Adressen der in Ihrem Bundesland zuständigen Stelle erfahren, lautet www.deutsche-rentenversicherung.de.

Eines können wir vorweg sagen: Selbst wenn Sie eine Erwerbsminderungsrente bekommen würden, wäre diese für Sie auf jeden Fall zu gering, als dass Sie davon leben könnten.

Um dieses existenzielle Risiko abzusichern, brauchen Sie also eine private Berufsunfähigkeitsversicherung, die Ihnen im Bedarfsfall ein einigermaßen ausreichendes Einkommen garantiert. Es lohnt sich doppelt, diese Versicherung bald abzuschließen. Zum einen, damit Sie möglichst bald geschützt sind, zum anderen, weil Sie diesen Schutz umso günstiger bekommen, je jünger und gesünder Sie bei Vertragsschluss sind.

Wie bei den anderen Versicherungsarten gibt es auch hier viele Anbieter mit vielen verschiedenen Tarifen, Konditionen und Beiträgen, sodass Sie mal wieder sorgfältig vergleichen müssen, bevor Sie einen Vertrag abschließen. Zum Beispiel sollten Sie darauf achten, dass die Versicherung bis zu Ihrem 65. Lebensjahr, besser bis zum 67. Lebensjahr, läuft. Verträge bis zum

50. Lebensjahr sind zwar deutlich günstiger, aber das Risiko einer Berufsunfähigkeit steigt mit dem Lebensalter stark an. Manche Verträge sehen auch umfangreiche Verweisungsmöglichkeiten vor. Das heißt: Wenn Sie Ihren Beruf nicht mehr ausüben können, verweist man Sie auf irgendeinen anderen Beruf. Solche Klauseln sollten Sie ausschließen.

Achten Sie auch darauf, die Fragen zu Ihrem Gesundheitszustand und Vorerkrankungen sorgfältig und vollständig zu beantworten. Tun Sie das möglichst nicht im Beisein des Versicherungsvermittlers. Denn der ist vor allem daran interessiert, einen Abschluss und damit seine Provision zu bekommen. Wenn Sie aber unter Zeitdruck etwas vergessen oder gar absichtlich etwas verschweigen, riskieren Sie, dass die Versicherung Ihnen die Berufsunfähigkeitsrente im Bedarfsfall verweigert – und das völlig zu Recht!

Übrigens: Viele Vermittler verkaufen die BU gern als Berufsunfähigkeitszusatzversicherung (BUZ) im Verbund mit einer Kapitallebens- oder Rentenversicherung. Darauf sollten Sie sich nicht einlassen. Sie brauchen erst einmal nur eine BU, mehr nicht.

Unser Rat: Wenden Sie sich am besten an einen unabhängigen Versicherungsberater oder an eine Verbraucherzentrale, um eine unabhängige Beratung zu bekommen, die sich an Ihren Interessen und nicht vorrangig an denen des Versicherungsunternehmens oder -verkäufers orientiert.

Privathaftpflichtversicherung

Auch diese brauchen Sie dringend. Im ganz normalen Alltag können schon durch eine kleinere Unachtsamkeit große Folgekosten eintreten: Einmal zu nah an der alten Dame vorbeigeradelt und diese gestreift – schon ist sie gestürzt, liegt mit einem Oberschenkelhalsbruch im Krankenhaus und Sie müssen für die weiteren Kosten aufkommen. Einmal eine Kippe nicht richtig ausgetreten und einen Brand verursacht oder, banaler, im Wohnzimmer von Freunden das Rotweinglas umgekippt und einen riesigen Fleck auf dem neuen weißen Teppich hinterlassen ... zumindest für die finanziellen Folgen kommt eine private Haftpflichtversicherung auf.

Beim Abschluss dieser Versicherung sollten Sie nicht nur nach dem Beitrag auswählen, sondern auch die genauen Bedingungen und die maximale Auszahlungssumme im Schadensfall (= Deckungssumme) berücksichtigen. Sie sollte mindestens 5, besser 10 Millionen Euro betragen. Wenn Sie einen Hund, ein Pferd oder exotische Tiere wie Spinnen oder Echsen haben, sollten Sie zusätzlich eine Tierhalter-Haftpflichtversicherung abschließen.

Teuer sind Privathaftpflichtversicherungen nicht. Als 20-jähriger Single bekommen Sie einen guten Vertrag bei einem Direktversicherer schon ab etwa 40 Euro jährlich.

Preisunterschiede erklären sich teilweise durch unterschiedliche Leistungen. Eine Deckungssumme von 50 Millionen Euro kostet natürlich mehr als eine von 5 Millionen Euro. Einige Verträge decken auch Mietsachschäden oder die Kosten eines Schlüsselverlusts ab, andere nicht oder nur in sehr geringer Höhe. Das kann aber sehr nützlich sein: Wenn Sie in einem Mehrfamilienhaus wohnen, den Eingangsschlüssel verlieren und daraufhin alle Schließanlagen ausgetauscht werden müssen, kommen schnell Kosten in fünfstelliger Höhe auf Sie zu. Interessant ist auch eine mitversicherte Ausfalldeckung. Etwa ein Fünftel aller Deutschen haben nämlich keine Privathaftpflichtversicherung. Wenn nun einer dieser Nichtversicherten Ihnen einen Schaden zufügt, diesen aber nicht bezahlen kann, springt dafür Ihre Versicherung ein.

Tipp: Fragen Sie Ihre Eltern nach deren Privathaftpflichtversicherung und den darin enthaltenen Klauseln. In den meisten Verträgen sind nämlich auch volljährige Kinder bis zum 25. Geburtstag im elterlichen Vertrag mitversichert, solange sie sich noch in Schule, erstem Studium oder erster Berufsausbildung befinden. In manchen Verträgen erlischt dieser Schutz aber, sobald das volljährige Kind nicht mehr bei den Eltern wohnt.

Hausratversicherung

Sie springt ein, wenn Ihre Einrichtung bzw. bewegliche Habe durch Brand, Sturm/Hagel, Leitungswasserschäden, Einbruchdiebstahl oder Raub beschädigt oder entwendet wird. Die Hausratversicherung schließt in der Regel sogar Ihr Fahrrad mit ein, wenn es im verschlossenen Keller oder der Garage untergestellt ist. Damit die Versicherung auch wirklich die vereinbarte Summe zahlt, müssen Sie aber den Wert Ihrer Einrichtung möglichst realistisch angeben. Außerdem müssen Sie alles tun, um Ihre Einrichtung selbst zu schützen. Bei grober Fahrlässigkeit verlieren Sie nämlich meist den Anspruch auf die volle Versicherungssumme, diese wird je nach der Höhe Ihres Verschuldens gekürzt. »Grob fahrlässig« ist es dabei schon, ein Fenster im Erdgeschoss gekippt oder eine Kerze unbeaufsichtigt im Nebenraum brennen zu lassen.

Ob Sie diese Versicherung brauchen, hängt vom Wert Ihres Hausrats ab. Wenn Sie nur ein paar alte Ikea-Regale, billige Klamotten sowie ein Sparpolster auf dem Konto haben, können Sie auf den Abschluss einer Hausratversicherung ohne Weiteres verzichten. Besitzen Sie dagegen eine teure Computerausstattung, neue Möbel und viel Markenkleidung, können sich die Werte schnell summieren. Hausrat im Wert von 20.000 oder 30.000 Euro kann im Notfall kaum jemand problemlos ersetzen. Dann sollten Sie, wenn Sie noch etwas Geld übrig haben, eine Hausratversicherung abschließen.

Das gilt in jedem Fall, wenn Sie Ihre Möblierung überwiegend über Kredit finanziert haben. Denn dann haben Sie ein doppeltes Problem, wenn die Möbel beschädigt oder gestohlen werden: Sie müssen den Kredit zurückzahlen und die Möbel ersetzen.

Teuer ist diese Versicherung nicht. Wenn Sie nicht gerade in einem Problemviertel in einer Großstadt wohnen, bekommen Sie Hausrat im Wert von 30.000 Euro ab etwa 30 Euro Jahresprämie versichert.

Krankenversicherung

Die Leistungen der gesetzlichen Krankenkassen sind weitestgehend deckungsgleich. Die Kosten dafür sind es nicht. Der Beitragssatz von 14,6 Prozent wird zur Hälfte vom Arbeitgeber und zur Hälfte vom Arbeitnehmer bezahlt. Da dieser aber nicht ausreicht, um alle Ausgaben zu finanzieren, erheben die einzelnen Krankenkassen Zusatzbeiträge, die allein vom Arbeitnehmer zu zahlen sind. Diese Zusatzbeiträge liegen derzeit zwischen 0,4 und 1,7 Prozent (Stand: 2016). Sehr groß sind die Beitragsunterschiede also nicht. Je größer sie werden – die Zusatzbeiträge können von den Krankenkassen jährlich geändert werden – und je mehr Sie verdienen, umso eher lohnt sich aber ein Wechsel zu einer günstigeren Krankenkasse.

Der grundsätzliche Leistungsumfang der Krankenkassen ist übrigens gleich. In den Details gibt es aber Unterschiede, etwa bei den sogenannten Satzungsleistungen (= Leistungen, die die Kasse zusätzlich erstattet, zum Beispiel für Homöopathie oder Impfungen für Auslandsreisen) und den Bonusprogrammen für gesundheitsbewusstes Verhalten. Auch hier hilft wieder nur: Kleingedrucktes lesen und Bedingungen vergleichen. Private Krankenzusatzversicherungen sind nett, aber eher teuer und für Sie als Berufsanfänger verzichtbar, da der gesetzliche Schutz ausreichend ist.

Einzige Ausnahme: Eine Auslandsreisekrankenversicherung ist empfehlenswert, wenn Sie öfter ins Ausland reisen. Selbst im EU-Ausland, mit dem Sozialversicherungsabkommen bestehen, bekommen Sie nämlich sonst nur die Leistungen, die im jeweiligen Land zum gesetzlichen Versicherungsumfang gehören. Auch Rücktransporte sind gesetzlich nicht versichert. Eine Auslandsreisekrankenversicherung wird Ihren Reiseetat nicht sprengen; Sie bekommen sie für etwa 10 Euro Jahresbeitrag.

Lebensversicherung

Unter dem Oberbegriff »Lebensversicherung« werden zwei eigentlich völlig unterschiedliche Versicherungsprodukte zusammengefasst. Eine Versicherung im eigentlichen Sinne ist die Risikolebensversicherung. Sie dient dazu, die Angehörigen eines Versicherungsnehmers für den Fall seines Todes abzusichern. Sie als Haushaltsgründer, der allein oder zusammen mit einem berufstätigen Partner lebt, brauchen eine solche Versicherung nicht.

Dann gibt es noch die Kapitallebensversicherung. Sie ist eigentlich eine Mischung aus zwei Produkten: Zum einen enthält sie eine Risikolebensversicherung, zum anderen ist sie eine Art Sparvertrag, der zur Altersvorsorge dient. Das heißt: Im Todesfall bekommen die Angehörigen eine Einmalzahlung aus der Risikolebensversicherung. Im Erlebensfall, wenn Sie also jahrzehntelang brav Ihre Prämien bezahlt haben und bei Ablauf des Versicherungsvertrags noch unter den Lebenden weilen, bekommen Sie das abgesparte Kapital nebst den daraus erwirtschafteten Zinsen ausgezahlt. Der Teil der Prämien, der für die Risikolebensversicherung bezahlt wurde, ist allerdings unwiederbringlich verloren. Sicher verzinst wird ohnehin nur der Sparanteil abzüglich der Provisions- und Verwaltungskosten der Versicherung sowie des Beitragsanteils für den Risikoschutz. Der historisch niedrige Garantiezins von derzeit 1,25 Prozent (Stand: 2016) tut ein Übriges dazu, die Kapitallebensversicherung vollends unattraktiv zu machen.

In Ihrer derzeitigen Lebensphase sollten Sie sich zunächst darauf konzentrieren, einen finanziellen Puffer aufzubauen, und die ersten Schritte zur Vorsorge möglichst flexibel halten. Mehr dazu lesen Sie in Kapitel 7.

Unfallversicherung

Sie ist dazu gedacht, schwerwiegende Unfallfolgen abzusichern. Sind Sie nach einem Unfall schwer beeinträchtigt (invalide), bekommen Sie entweder eine Einmalzahlung oder eine lebenslange Rente. Daneben können Sie (gegen höhere Prämien) weitere Leistungen versichern, etwa Sofortzahlungen bei bestimmten Verletzungen oder die Übernahme kosmetischer Operationen, wenn Sie durch den Unfall im Gesicht entstellt wurden. Reine Unfallversicherungen bekommen Sie, wenn Sie in einem Büroberuf arbeiten, schon für etwa 100 Euro Jahresprämie. Bei manchen Berufen können sie aber auch deutlich teurer werden.

Ob Sie sie wirklich brauchen, ist fraglich. Zum einen, weil Sie während der Arbeit und auf dem Weg zur und von der Arbeit ohnehin durch die gesetzliche Unfallversicherung geschützt sind. Zum anderen, weil Invalidität in den allermeisten Fällen nicht durch einen Unfall, sondern aufgrund von Krankheiten eintritt. Und wenn Sie, wie von uns empfohlen, eine Berufsunfähigkeitsversicherung (BU) haben, sind Sie gegen Invalidität ohnehin abgesichert, egal aus welchem Grund sie nun eintritt.

Nur wenn Sie keine BU haben bzw. keine bekommen – was z. B. bei gefährlichen oder künstlerischen Berufen der Fall sein kann –, sollten Sie über eine Unfallversicherung nachdenken. Auch wenn Sie Risikosportarten betreiben und einen rasanten Fahrstil pflegen, könnte eine solche Versicherung für Sie sinnvoll sein. Ansonsten betrachten wir sie als entbehrlich.

Rechtsschutzversicherung

Diese übernimmt im Streitfall die Anwalts- und Gerichtskosten. Es gibt sie z. B. als Verkehrsrechtsschutz, Privat- und Berufsrechtsschutz oder als Mieter- und Eigentümerrechtsschutz.

Zwar hat fast jeder zweite Haushalt in Deutschland eine Rechtsschutzversicherung. Das aber ist aus unserer Sicht nicht unbedingt notwendig. Wenn Sie Streit mit dem Vermieter haben, können Sie auch dem Mieterschutzverein beitreten und dessen Rechtsschutz in Anspruch nehmen. Für Autofahrer könnte ein Verkehrsrechtsschutz sinnvoll sein, den Sie als Mitglied eines Automobilclubs günstig bekommen. Mehr Rechtsschutz brauchen Sie als ganz normaler Azubi, Student oder Angestellter eigentlich nicht. Schon wieder Fixkosten gespart!

Sonstige Versicherungen

Es gibt kaum ein Risiko, das Sie nicht versichern können. Wenn Sie eine Kaffeemaschine kaufen, bietet Ihnen der Händler eine Reparaturversicherung an, wenn Sie eine Pauschalreise buchen, sollen Sie eine Reiserücktrittsversicherung und eine Reisegepäckversicherung abschließen, für die Wohnung noch eine Glasbruchversicherung und für alle Fälle noch eine private Arbeitslosenversicherung.

Den Versicherungsgesellschaften tun Sie damit etwas Gutes. Sich selbst eher nicht. Viele der so abgesicherten Schadensfälle sind so selten, dass Sie die Versicherung wahrscheinlich niemals brauchen. Und selbst wenn die Kaffeemaschine streikt oder die Terrassentür zu Bruch geht: Eine einmalige Reparatur kostet allemal weniger, als Sie für jahrelang bezahlte Versicherungsprämien aufwenden müssten.

Andere Versicherungen haben so viele Ausschlussklauseln, dass es eigentlich kaum einen Fall gibt, in dem sie überhaupt zahlen. Die Reisegepäckversicherung beispielsweise bezahlt die geklauten Koffer nur dann, wenn Sie sie nachweislich keine Sekunde aus den Augen gelassen haben. Wenn Sie das schaffen, brauchen Sie aber ohnehin keinen Diebstahl zu befürchten.

Auch wenn Sie ein großes Sicherheitsbedürfnis haben, sollten Sie den Verlockungen der Versicherungsgesellschaften widerstehen. Legen Sie lieber etwas Geld als Notreserve beiseite, auf das Sie im Fall unvorhergesehener Schäden zurückgreifen können.

Fazit: Als Berufsanfänger und Haushaltsgründer sollten Sie möglichst eine Berufsunfähigkeits- und unbedingt eine private Haftpflichtversicherung abschließen und dabei auf ein günstiges Beitrags-Leistungs-Verhältnis achten. Auch der Abschluss einer Auslandsreisekrankenversicherung ist sinnvoll, wenn Sie viel verreisen. Wenn Sie noch Geld übrig und viel Geld in Möbel und Hausausstattung gesteckt haben, versichern Sie Ihren Hausrat. Andere Versicherungen brauchen Sie in Ihrer jetzigen Lebensphase in aller Regel nicht.

Übung 10

Erstellen Sie eine Übersicht Ihrer Versicherungsverträge. Prüfen Sie als Erstes, ob Sie über- oder unterversichert sind. Vergleichen Sie anschließend die Prämien verschiedener Anbieter. Sind Ihre Versicherungen zu teuer? Dann suchen Sie die Kündigungstermine heraus. Oder können Sie sparen, indem Sie den Zahlungsrhythmus von monatlich auf jährlich umstellen?

5. SÄULE: ÜBERPRÜFEN SIE IHRE KONSUMGEWOHNHEITEN

Jetzt haben Sie ganz schön viele vorbereitende Arbeiten hinter sich gebracht. Sie haben darüber nachgedacht, was Geld für Sie bedeutet und eine Übersicht über Ihre Einnahmen und Ausgaben erstellt. Sie haben ein Haushaltsbuch, Wochen- und Jahrespläne eingerichtet sowie Ihre Belege sortiert. Und nicht zuletzt haben Sie geprüft, an welchen Stellen Sie womöglich Fixkosten einsparen können.

Nun folgt die Umsetzung in die Praxis: die Sparziele tagtäglich während des Einkaufs zu realisieren, das eigene Konsumverhalten im Griff zu behalten. Auf Deutsch: Es geht darum, den Angeboten in den Geschäften zu widerstehen und dem Verlangen, etwas jetzt sofort kaufen zu müssen, nicht nachzugeben. Erst wenn dieser Schritt gelingt, bleibt ein Haushalt auch bei einem kleinen Einkommen auf Dauer im Gleichgewicht.

Machen Sie Ihr Glück unabhängig vom Geld

Erinnern Sie sich noch an Julia, die junge Studentin, die sich über ihre finanzielle Lage beschwerte? Darüber, dass sie sonntags nicht mit zum Brunch gehen und sich keine Markenkleidung leisten kann? Es ist richtig: Wer wenig Geld hat, muss häufig zurückstecken. Das ist manchmal sehr hart. Sie haben aber auch gelesen, dass mehr Geld nicht automatisch dazu führt, dass man glücklicher ist. Vielmehr ist es weitgehend der Vergleich mit den anderen, der unglücklich oder glücklich macht. Die Schlussfolgerung daraus ist also, sich weniger um den Vergleich mit anderen zu sorgen – und so mit dem Vorhandenen glücklich zu werden.

Was Ihr Konsumverhalten mit Ihrem Selbstvertrauen zu tun hat

»Mein Haus, mein Auto, mein Boot« – kaufen Sie häufiger etwas, nur um anderen zu imponieren oder mit ihnen mithalten zu können? Obwohl Sie die Ware selbst gar nicht benötigen, sie Ihnen nicht gefällt und – vor allem – Sie sie sich eigentlich gar nicht leisten können?

Welche Position wir in unserer Umgebung einnehmen, hängt leider oft von den Statussymbolen ab, mit denen wir uns umgeben. Und da wird dann schnell ein Auto angeschafft, das wir eigentlich nicht bezahlen können, um damit vor unseren Nachbarn und den Kollegen gut dazustehen. Oder im Kleinen: Wir gehen aufwendig im schicken Café frühstücken, obwohl zu Hause der Kühlschrank leer ist. Das ist im Übrigen auch einer der Gründe, aus denen Menschen, die über ein verhältnismäßig hohes

Einkommen verfügen, ebenfalls in die Schuldenfalle tappen können: Sie versuchen, mit anderen, die noch besser verdienen, mitzuhalten. Konsumiere – dann bist Du wer!

Ein gesundes Selbstvertrauen ist der beste Schutz gegen ein solches Imponiergehabe. Es gehört schon Mut dazu, vor sich selbst und vor anderen zuzugeben, dass man sich etwas im Moment nicht leisten kann oder will. Aber damit beginnt Selbstbestimmung – nicht, indem Sie all das tun, was alle anderen tun, sondern, indem Sie Ihren eigenen Weg gehen. Deshalb sollten Sie sich immer überlegen, ob das, was Sie gerade kaufen und konsumieren wollen, tatsächlich ein Wunsch von Ihnen selbst ist – oder ob er Ihnen von der Werbung und den anderen nur eingegeben wurde.

Übrigens: Unserer Meinung nach kann man auf angebliche Freunde, die sich abwenden, wenn es finanziell enger wird, gut verzichten. Echte Freunde zeigen Interesse, fragen nach, helfen und machen viele Vorschläge für gemeinsame Unternehmungen, die nichts oder nur wenig kosten. Dann wird aus dem Frühstück im Café eben das gemeinsame Frühstück in der WG-Küche und aus dem Kinoabend die DVD-Nacht auf dem Sofa mit mitgebrachten Chips, Cola und Bier. Echten Freunden geht es darum, Zeit mit Ihnen zu verbringen, nicht mit Ihrem Geld.

Finden Sie Ihren eigenen Stil

Das gilt auch für die Kleidung: Wer nicht die richtigen Klamotten trägt, gilt bei vielen Menschen als uncool. Dabei bedeuten »richtige Klamotten« häufig nur, sich dem Modediktat zu unterwerfen.

Besser ist es, wenn Sie Ihren ganz eigenen, individuellen Stil entwickeln. Der ist nicht nur Ausdruck Ihrer Persönlichkeit, sondern sorgt auch dafür, dass Sie Kleidungsstücke kaufen, die zu Ihnen passen, die Sie untereinander kombinieren können und die so zeitlos sind, dass Sie sie nicht nach einer Saison wieder entsorgen müssen. Der eigene Stil muss nicht bedeuten, nun nur noch im sportlichen Jeans-und-T-Shirt-Look herumzulaufen. Viel ist schon dadurch gewonnen, wenn Sie eine Grundausstattung in neutralen Farben im Schrank hängen haben, die Sie dann mit farbigen, trendigen Teilen kombinieren können.

Wenn Sie bei Kleidung sparen wollen, sollten Sie auf die Komplettausstattung in schrillen Farben und ausgefallenen Schnitten verzichten. In jeder Saison gibt es modische Gags, die nach sehr kurzer Zeit schon niemand mehr sehen kann. Sie wollen Beweise? Schauen Sie sich mal die Fotos der vergangenen 30 oder auch 50 Jahre an. Alle Klamotten, die Sie darauf sehen, waren mal der letzte Schrei!

Tipp: In vielen Städten gibt es mittlerweile Secondhandläden, die sich auf edle Designerstücke spezialisiert haben. Aber auch in normalen Secondhandläden wartet so manches Schnäppchen.

Wie kaufen Sie ein?

Beobachten Sie sich doch einmal selbst, wenn Sie in den Geschäften unterwegs sind: Gehen Sie zielstrebig durch die Regale und nehmen nur jene Waren mit, die Sie benötigen, oder landet doch immer wieder mehr im Einkaufswagen, als Sie eigentlich eingeplant hatten? Kaufen Sie häufiger mal etwas, weil es Ihnen gerade gefällt, nach dem Motto: »Das kann ich bestimmt mal gut gebrauchen, vielleicht nicht jetzt, aber später sicher irgendwann.«? Gehen Sie einkaufen, weil Ihnen langweilig ist? Oder bauen Sie beim Shoppen Ihren Stress im Berufs- oder Privatleben ab?

Neigen Sie dazu, spontan zuzugreifen?

Eine häufige Geldfalle sind die Spontankäufe. »Ich gehe in den Laden und lasse mich mal inspirieren« – diese Haltung kann teuer werden. Denn zum einen kosten solche Spontankäufe viel Geld, das für andere Anschaffungen eingeplant war und dann dort fehlt. Zum anderen stellt sich im Nachhinein häufig heraus, dass der Spontankauf eher ein Fehlkauf war: etwa das superschöne T-Shirt, das aber leider zu keinem anderen Kleidungsstück im Schrank passt und deshalb ein Schattendasein fristet. Oder der teure Elektroschnickschnack für die Küche, der schon bald mangels Beschäftigung von der Arbeitsfläche in den Küchenschrank und von dort in den Keller verschwindet.

Aber die kostspieligen Spontankäufe müssen nicht einmal immer nur größere Ausgaben betreffen. Auch die Berge von Obst, die vom Markt mitgenommen werden, weil sie so appetitlich aussehen, können dazugehören: weil es viel zu viel ist, um alles aufzuessen, und die Reste entsorgt werden müssen.

Tipp: Am teuersten und überflüssigsten sind jene Waren, die Sie nicht nutzen: Schuhe, die Sie nie tragen, Nahrungsmittel, die Sie nicht essen, Beiträge zu Vereinen und Studios, deren Kurse Sie nicht besuchen. Vor allem Spontankäufe und -verträge sind hier riskant. Weil sie nicht gut überlegt erfolgen, ist die Gefahr, dass das gekaufte Gut nicht gebraucht und genutzt wird, besonders groß.

Shoppen gegen Stress und Langeweile

Viele Menschen sehen im Einkaufen einen Stresskiller. »Ich hatte so einen schlechten Tag, jetzt gönne ich mir mal etwas.« Aber Stress und Ärger sind schlechte Ratgeber und wer shoppen geht, um sie abzubauen, ist besonders anfällig für Fehlkäufe. Es fehlt die Gelassenheit, Ware wieder zurückzulegen, und die Ruhe, Vergleiche zu ziehen. Die Frage: »Was brauche ich eigentlich?« wird nicht gestellt. Zudem ist der innere Druck, tatsächlich etwas kaufen zu »müssen« – auch wenn es vielleicht nicht das ist, was Sie wollten –, besonders groß. Denn was geschieht, wenn Sie bei einer solchen Haltung an stressigen Tagen mit leeren Händen nach Hause kommen? Statt Stress abzubauen, haben Sie noch ein Frusterlebnis obendrauf gepackt.

Aber selbst wenn Sie mit vollen Tüten von Ihrer Stresskiller-Einkaufstour zurückkommen, ist nicht gesagt, dass das Hochgefühl, das damit verbunden ist, lange vorhält. Denn – wie gesagt – vermutlich findet sich das eine oder andere Stück, dessen Kauf sich als überflüssig erweist. Und die Ernüchterung folgt spätestens dann, wenn alle Beträge vom Konto abgebucht wurden und es klar wird, dass das Geld endgültig weg ist und für andere, größere Wünsche, auf die Sie vielleicht schon länger sparen, nicht mehr zur Verfügung steht.

Tipp: Es ist nichts dagegen zu sagen, sich von Zeit zu Zeit etwas zu leisten, um sich zu belohnen. Aber das sollte nicht spontan erfolgen, sonst ist der Effekt meist ein sehr kurzfristiger. Besser ist es, gezielt auf einen größeren Wunsch hinzusparen und sich diesen dann ganz bewusst zu erfüllen – gern auch an einem schlechten Tag, um die Laune zu heben. Zum einen wissen Sie genau, dass Sie das, was Sie kaufen, tatsächlich haben wollen und nutzen werden, und zum anderen wird der Kauf zu einem echten Erfolgserlebnis. Immerhin ist es Ihnen gelungen, beim Sparen so lange durchzuhalten, bis dieses gute Stück drin war.

Gleiches gilt übrigens auch, wenn Sie aus Langeweile shoppen gehen. Fehlkäufe drohen und die Langeweile kommt recht schnell wieder. Das Geld aber ist weg. Und je enger Ihr Gesamtbudget ist, desto verheerender können die Folgen sein. Suchen Sie sich besser ein anderes, preiswerteres Hobby.

Wie Sie Spontankäufe in den Griff bekommen

Spontankäufe sollten Sie sich nach Möglichkeit ganz abgewöhnen, zumindest in den Griff bekommen. Das ist aber manchmal gar nicht so einfach. Ein paar Tricks können Ihnen dabei helfen:

- Rechnen Sie mal aus, wie hoch Ihr Nettostundenlohn ist. Und dann rechnen Sie aus, wie lange Sie arbeiten müssen, um die Ware, die Sie gerade in der Hand halten, zu bezahlen. Wenn Sie netto ca. 10 Euro pro Stunde erhalten, müssen Sie schon über vier Stunden arbeiten, um ein Kleidungsstück für 40 Euro zu kaufen. Diese Rechnung hilft besonders gut gegen Frustkäufe, mit denen Sie Stress im Beruf abbauen wollen.

- Auch eine weitere Berechnung kann sehr heilsam sein: Wenn Sie auf ein großes Ziel hinsparen, sollten Sie sich vor dem Spontan-, Frust- oder Langeweilekauf kurz überlegen, um welche Zeitspanne sich die Wartezeit verlängert, bis Sie sich den großen Wunsch erfüllen können. Angenommen, Sie möchten sich ein Sofa für Ihre Wohnung kaufen, das 600 Euro kostet und für das Sie jeden Monat 30 Euro zurücklegen. Ein spontaner Shoppingtrip, bei dem Sie 150 Euro ausgeben, wirft Sie in Ihren Bemühungen um fünf Monate zurück.

- Wenn Sie nicht ganz auf das spontane Einkaufen verzichten wollen, sollten Sie dafür einen kleinen Betrag in Ihrer Budgetplanung vorsehen. Diesen können Sie ausgeben – danach ist Schluss. So bleiben wenigstens die Kosten überschaubar.

Tipp: Auch das Surfen im Internet führt oft zu Spontankäufen. Es ist ja auch verführerisch: Sie müssen das Haus nicht verlassen, können in zahllose verschiedene Shops mal reinschauen und die Ware sieht auf den Bildern immer großartig aus. Schnell mal angeklickt und schon kommt die neue Jeans ins Haus. Auch wenn Sie im Internet nur schwer widerstehen können, helfen die Tipps gegen die Spontankäufe gut. Außerdem sollten Sie sich Post-its an den Bildschirm heften und darauf den Wunsch notieren, den Sie sich mit Ihrem Sparvorhaben erfüllen wollen – z. B. »Urlaub im Sommer« oder »schuldenfrei im Frühjahr«.

Vorräte – ja oder nein?

Über den Sinn und Unsinn von Vorräten gibt es verschiedene Meinungen. Gehören Sie zur Gattung »Hamster« und lagern so riesige Mengen, dass Sie eine Fußballmannschaft problemlos monatelang versorgen könnten? Oder fürchten Sie bei der Vorratshaltung immer, die Ware könne verderben und müsse dann vernichtet werden? Verzichten Sie also komplett auf Vorratshaltung? Unserer Meinung nach liegt der beste Umgang mit Vorräten wie so oft in der Mitte zwischen beiden Extremen.

Zum einen binden Vorräte Kapital – ein Punkt, der oft übersehen wird. Wenn Sie für 15 Euro Kaffeepulver im Angebot einkaufen, ist das Geld sofort weg (mehr zum Thema Angebote lesen Sie im Kapitel »Wie gehen Sie mit Angeboten um?«). Den Kaffee verbrauchen Sie aber erst nach und nach, sodass sich die Ersparnis auch erst nach und nach realisiert. Aus diesem Grund sollten Sie Vorräte nur dann anlegen, wenn Sie finanziell gut dastehen. Außerdem ist es natürlich nicht sinnvoll, zu große Mengen auf Lager liegen zu haben. Wenn Sie genug Mehl für die kommenden drei Jahre vorrätig haben, besteht tatsächlich die Gefahr, dass es verdirbt und Sie es wegwerfen müssen. Wenn Sie auf Vorrat einkaufen, dann sollte dies für einen überschaubaren Zeitraum geschehen.

Zum anderen ist ein gut gefülltes und gepflegtes Vorratslager wunderbar geeignet, um Geld zu sparen und schlechte Zeiten zu überbrücken.

Ganz klar: Wer Waren, die sich gut lagern lassen, im Angebot in größeren Mengen kauft, spart damit eine Menge Geld gegenüber dem Einzelkauf. Der Kaffee, den Sie in einer größeren Menge für 15 Euro erstanden haben, kostet bei einem Kauf Päckchen für Päckchen in der Summe vielleicht 20 Euro – auf längere Sicht haben Sie also 5 Euro gespart. Sie sparen auch Zeit, denn Sie müssen diese Waren dann nicht extra einkaufen, wenn sie auf Ihrem Wochenplan auftauchen. Ein Griff in den Schrank und Sie haben die Zutaten beisammen.

Wichtiger ist aber, dass Ihre Vorräte Sie durchaus einmal ein paar Tage über Wasser halten können. Für unsere Großeltern war es noch völlig normal, in guten Zeiten, also im Sommer und im Herbst, wenn Erntezeit war, die Vorratskammern zu füllen, um damit in den schlechten Zeiten, im Winter, über die Runden zu kommen. Nun sind wir nicht mehr von den Jahreszeiten abhängig. Gute und schlechte Zeiten kennen wir aber immer noch. Gerade wenn es finanziell sehr eng wird, werden Sie froh sein über alles, was Sie im Haus haben. Außerdem kann es jederzeit dazu kommen, dass die Versorgungslage sich dramatisch ändert. Das hat nichts mit Panikmache zu tun. Eine heftige Überschwemmung reicht aus, um von der Außenwelt abgeschnitten zu werden – vielleicht auch mehrere Tage. Die Bundesregierung hat die Bevölkerung gerade dazu angehalten, einen Vorrat an Lebensmitteln und Wasser für mindestens zehn Tage anzulegen.

Unser Tipp lautet daher: Kaufen Sie dann, wenn Sie es sich leisten können, ein paar lagerfähige Dinge auf Vorrat – Mehl, Zucker, Reis, Nudeln, Hülsenfrüchte, Haferflocken, H-Milch, Kaffee, Tee, einige Gemüse-, Obst- und Fischkonserven usw. Aber übertreiben Sie es dabei nicht. Der Zeitraum, innerhalb dessen Sie die Ware aufbrauchen sollten, darf nicht zu lang gewählt werden.

> *Tipp:* Im Internet finden Sie Vorschlagslisten für Vorräte, die jeder für einen Katastrophenfall in Haus haben sollte.
>
> www.ernaehrungsvorsorge.de (hier können Sie die Mengen individuell ausrechnen lassen)
>
> www.bbk.bund.de (hier können Sie sich auch einen Ratgeber zur Notfallvorsorge und zum richtigen Handeln in Notsituationen herunterladen)

Vorräte können und sollten Sie aber auch gut selbst anlegen. Kochen Sie einfach ab und zu die doppelte Menge und frieren Sie eine Hälfte ein. Damit nutzen Sie Ihre Gefriertruhe sinnvoller, als wenn Sie darin die Fertigpizza aufbewahren, die Sie ohnehin jederzeit im Supermarkt bekommen. Versuchen Sie auch einmal, Marmelade selbst zu kochen, oder backen Sie Plätzchen. Diese lassen sich gut in Vorratsdosen aufbewahren.

Andere Waren können Sie problemlos lagern, etwa Shampoo, Putzmittel und Toilettenpapier. Auch hier kann es sich richtig lohnen, bei guten Angeboten zuzuschlagen, sofern Sie gerade das Geld dafür haben. Allerdings sollten Sie bei diesen Waren noch bedenken, dass sie Platz wegnehmen – oft auch mehr als Lebensmittel. Wenn Sie zehn Pakete Toilettenpapier im Angebot mitnehmen und diese nicht unterbringen können, haben Sie zwar Geld gespart, ärgern sich aber eventuell ein halbes Jahr lang über den Anblick von Klorollen neben dem Wohnzimmersofa.

Wichtig ist, Vorräte nicht nur anzulegen, sondern auch zu pflegen, und das heißt im Falle von Lebensmitteln, sie in den Wochenplan einzubauen und zu verbrauchen. Sichten Sie Ihre Vorräte regelmäßig, damit Sie kein Verfallsdatum verpassen. Stellen Sie Packungen, die noch länger halten, weiter nach hinten. Wenn ein Produkt allmählich knapp wird, nehmen Sie es auf dem Einkaufszettel (s. u.) auf und füllen Sie Ihre Vorräte auf.

Schreiben Sie Einkaufslisten

Wenn es um Lebensmittel und Dinge des täglichen Lebens geht, sollten Sie eine Einkaufsliste erstellen, bevor Sie das Geschäft betreten, und dann strikt nach dieser Liste einkaufen.

Wie Sie einen Einkaufsplan erstellen

Einen Teil der Einkaufsliste haben Sie schon während des Wochenplans erstellt. Wenn feststeht, was Sie für die einzelnen Gerichte benötigen, können Sie auch abgleichen, was noch im Haus ist. Den Rest schreiben Sie auf – im Zweifelsfall mit der Angabe, wie viel Sie nun tatsächlich für das Rezept benötigen, damit Sie nicht zu viel oder zu wenig einkaufen. Für Lebensmittel sollten Sie zwei Einkaufszettel schreiben: einen für den Großeinkauf, bei dem Sie all das mitnehmen, was haltbar ist oder in den nächsten drei bis vier Tagen verbraucht wird, und einen zweiten für den kleineren Zwischeneinkauf. Hier notieren Sie, welche frischen und leicht verderblichen Waren Sie zwischendurch noch brauchen, etwa Kopfsalat oder Brot.

Auf dem Wochenplan, wie wir ihn in Kapitel 3 vorgestellt haben, stehen nur die Hauptmahlzeiten. Für Ihren Einkauf müssen Sie natürlich noch Frühstück und Abendbrot einplanen, also z. B. Brot, Marmelade, Müsli, Obst, Milch, Käse, Salat und Ähnliches. Auch die Zwischenmahlzeiten gehören noch dazu, also z. B. Joghurt oder Kekse. Was hier fehlt, gehört auf den Einkaufszettel. Weiter müssen Sie sich noch überlegen, was Sie an alkoholischen und nicht alkoholischen Getränken und an »Naschkram« wie Schokolade oder Chips in der kommenden Woche brauchen werden. Denken Sie auch an Ihre Tiere, sofern Sie welche halten. Ist noch genug Futter da? Reicht das Katzenstreu für die nächste Woche? Brauchen Sie neuen Vogelsand?

Wenn Ihnen im Laufe der Woche auffällt, dass etwas fehlt oder knapp wird, wie z. B. Kaffee, Reservebatterien oder Putzmittel, sollten Sie es gleich festhalten. Am besten ist es, wenn Sie dafür an einer zentralen Stelle Stift und Zettel bereitlegen. Solche Artikel eignen sich gut zur Vorratshaltung. Hier kann es sinnvoll sein, sie rechtzeitig zu notieren – also wenn der Restbestand noch eine Weile reicht – und dann auf ein Angebot zu warten. Fragen Sie sich auch, ob demnächst vielleicht ein Geburtstag o. Ä. in der Familie oder bei Freunden ansteht, dann können Sie früh nach einem Geschenk Ausschau halten.

Tipp: Gestalten Sie Ihre Einkaufsliste fortlaufend. Zwar müssen Sie die Waren, die Sie akut benötigen – z. B. zum Kochen –, sofort einkaufen, andere Dinge können Sie aber wie erwähnt durchaus schieben, etwa wenn Sie Vorräte aufstocken wollen oder schon frühzeitig nach Geschenken suchen. Dann müssen Sie sie nicht womöglich gerade dann kaufen, wenn Sie sehr wenig Geld im Portemonnaie haben. Damit diese Posten nicht verloren gehen, sollten Sie sie von einem Einkaufszettel auf den nächsten übertragen, bis sie sich erledigt haben.

Diese Vorteile hat eine Einkaufsliste

- Sie kaufen nur das ein, was Sie tatsächlich brauchen. Wenn Sie bisher immer zu viel eingekauft haben und einen Teil der Waren wegwerfen mussten, sparen Sie in Zukunft bares Geld.

- Sie kaufen tatsächlich alles, was Sie brauchen. Wer kennt das nicht: Kaum ist man vom Einkauf zurück, fällt einem auf, was man alles vergessen hat. Dann muss man also noch einmal los, verschwendet Zeit, unter Umständen Benzin und nimmt im Laden dann doch noch mehr mit als ursprünglich geplant. Eine Einkaufsliste ist keine Garantie, dass Sie nie wieder etwas vergessen werden, aber die Häufigkeit wird vermutlich abnehmen.

– Sie sparen Zeit, denn anhand der Liste können Sie schnell und gezielt durch die Gänge im Supermarkt gehen und die Ware einsammeln.

Überleben im Konsumdschungel

Mit einem Einkaufszettel sind Sie schon mal grundsätzlich gut gewappnet, um im Konsumdschungel zu überleben. Dennoch lauern überall Fallen, in denen Sie Ihr Geld verlieren können.

Wie Sie einkaufen, ohne dabei arm zu werden

Natürlich sind die Verlockungen im Geschäft selbst meist am größten, zumal Werbepsychologen und Ladenbauer alles tun, um Sie dazu zu bringen, möglichst viele und möglichst teure Produkte einzupacken. Aber während die Händler auf den Kundenbesuch oft perfekt vorbereitet sind, gehen viele Konsumenten sehr unvorbereitet und auch naiv in die Geschäfte. Da ist schon viel gewonnen, wenn Sie beim Einkauf bewusst, aufmerksam und mit offenen Augen unterwegs sind.

- Gehen Sie nur mit Einkaufszettel einkaufen und nehmen Sie nur das mit, was darauf steht. Das ist der beste Rat, den wir Ihnen zu diesem Thema geben können.

- Wenn Sie von bestimmten Artikeln in Versuchung geführt werden, helfen die Tipps, die wir Ihnen bei den Spontankäufen gegeben haben (siehe Kapitel 5 »Wie kaufen Sie ein?«). Auch wenn es sich vielleicht nur um kleine Summen handelt, etwa 3 Euro für die besonders leckeren Chips, werfen Sie diese Beträge in Ihren Sparbemühungen zurück. Und sie summieren sich.

– Rechnen Sie sich vorab aus, wie viel Sie ungefähr ausgeben müssen, wenn Sie strikt nach Einkaufszettel einkaufen. Nehmen Sie nur diesen Betrag und ein zusätzliches kleines Sicherheitspolster mit.

– Gehen Sie niemals hungrig einkaufen. Denn sonst kaufen Sie automatisch mehr ein.

– Es gibt zahllose Studien, die untersuchen, welche Stellen im Laden, in den Gängen und in den Regalen den meisten Umsatz bringen, welche Wirkung Sonderflächen haben und wie die Kunden ihre Wege durch das Geschäft finden. Die Erkenntnisse nutzen die Händler aus, indem sie die teure Ware dort platzieren, wo Sie schnell hingreifen, und die preiswerte eher verstecken. Schauen Sie in den Regalen immer auch in die niedrigeren und in die höheren Fächer, hier stehen meist die preiswerteren Artikel. Ware mit einem späteren Verfallsdatum finden Sie eher weiter hinten in den Kühlregalen.

– Fast jedes Geschäft ist darauf ausgerichtet, dass die Kunden es in einer bestimmten Laufrichtung durchqueren. Werbeständer, Sonderflächen o. Ä. sind auf diese Laufrichtung ausgerichtet. Wenn Sie dafür besonders anfällig sind, gehen Sie bewusst gegen die allgemeine Laufrichtung, dann verringert sich die Wirkung dieser Werbeform.

– Vor einigen Jahren noch waren die Einkaufswagen deutlich kleiner. In den meisten Geschäften sind sie mittlerweile so überdimensioniert, dass sich zwei Äpfel und ein Stück Käse darin verlaufen. Ziel ist es, Ihnen zu suggerieren, Sie hätten doch noch gar nichts eingekauft – ein bisschen was geht doch noch, oder? Fallen Sie darauf nicht herein. Nehmen Sie bei kleinen Einkäufen einen Korb statt eines Wagens.

Tipp: Bei vielen Dingen sollten Sie sich – gerade, wenn Ebbe in der Geldbörse ist – fragen, ob es immer Neuware sein muss. Beim Auto ist das völlig normal, bei vielen anderen Waren aber ein oft fremder Gedanke. Kleidung können Sie gut auf Flohmärkten kaufen. Auf Secondhandläden, die teilweise auch ein sehr exklusives Angebot führen, haben wir Sie schon hingewiesen. Bücher können Sie sich aus der Bücherei ausleihen oder über Tauschringe wie z. B. www.tauschticket.de besorgen. Ein Fahrrad, mit dem Sie nur an die Uni und zurück rollen und bei dem Sie befürchten, dass es gestohlen wird, sollten Sie beim Gebrauchthändler kaufen.

Und auf Ebay finden Sie ohnehin alles, was das Herz begehrt. Allerdings ist das beliebte Internetauktionshaus mittlerweile ein Tummelplatz für Betrüger geworden. Informieren Sie sich gründlich über den Anbieter von Waren auf der Plattform, z. B. über die Kommentare anderer Käufer. Sobald Ihnen etwas verdächtig vorkommt, sollten Sie lieber ein Schnäppchen ziehen lassen, als in die Falle zu geraten und das Geld auf Nimmerwiedersehen zu verlieren.

Wie gehen Sie mit Angeboten um?

Grundsätzlich sind Angebote ja etwas Tolles: Sie erhalten Ware zum ermäßigten Preis. Viele Menschen warten deshalb immer ab, bis am Wochenende die zahlreichen Prospekte der Supermärkte ins Haus flattern, um mit ihnen den Wochenplan und den Einkaufszettel der kommenden Woche zu erstellen.

Angebote sollten Sie allerdings niemals unkritisch betrachten:

- Der Händler hat nichts zu verschenken. Wenn der Preis an einer Stelle sinkt, steigt er womöglich an einer anderen. Ein Beispiel: Möhren sind im Angebot, aber die Äpfel kosten dafür etwas mehr als in der Woche zuvor.

- Ziel der Angebote ist es, möglichst viele Kunden in das Geschäft zu locken, die dann außer der Angebotsware noch viele andere Produkte mitnehmen und so mehr Geld im Laden lassen.

- Prospekte sind teuer. Sie müssen geplant, gestaltet, gedruckt und verteilt werden. Sie dürfen sicher sein, dass Sie als Kunde diese Kosten in irgendeiner Form tragen und sei es durch ein höheres Preisniveau über alle Produkte hinweg.

- Weil Prospekte – und damit der Platz darin – teuer sind, werden Sie in ihnen vor allem die teureren Markenwaren finden. Die gleiche oder ähnliche Ware erhalten Sie möglicherweise woanders als No-Name-Produkte erheblich preiswerter. Viele der Markenhersteller produzieren auch für Discounter wie Lidl oder Aldi oder für die Hausmarken der Supermarktketten.

- Viele Angebote werden von den Geschäften nur in »haushaltsüblichen« Mengen abgegeben. Damit beschränkt der Handel dann die Menge, die er an den einzelnen Kunden abgibt – wie viel das ist, bestimmt der Händler selbst. Durchforsten Sie die Prospekte nach Hinweisen auf die Mengen. Lohnt es sich, den Weg zum Geschäft auf sich zu nehmen, wenn es nur diese begrenzte Anzahl gibt?

- Oft genug ist die beworbene Ware schon kurz nach Ladenöffnung ausverkauft und Sie haben den Weg vergeblich auf sich genommen. Der Hintergedanke ist: Wenn Sie schon mal da sind, nehmen Sie doch noch etwas mit, um nicht mit leeren Händen nach Hause zu gehen. Das ist zwar eigentlich nicht rechtens, denn die beworbene Ware muss generell vorhanden sein. Allerdings haben Sie als Kunde kein Recht auf ein Sonderangebot. Sie können sich zwar beim Leiter des Geschäfts beschweren und auf dem Angebot bestehen, ob das allerdings zielführend ist, sei dahingestellt. Sinnvoll sind höchstens noch Beschwerden bei der Wettbewerbszentrale oder bei Verbraucherschützern.

Verstehen Sie Prospekte daher nicht als Anleitung für Ihr Kaufverhalten in der kommenden Woche, sondern als bunte Anregung. So lässt sich meist gut erkennen, welches Obst und Gemüse gerade Saison hat. Vielleicht regt eines der beworbenen Produkte Sie auch dazu an, ein bestimmtes Gericht mal wieder zu kochen.

Wenn Sie tatsächlich ein gutes Angebot entdeckt haben, sollten Sie sich überlegen, ob es sich tatsächlich lohnt, es anzunehmen:

- Kaufen Sie nie etwas, nur weil es billig ist. Entscheidend muss immer sein, ob Sie es tatsächlich brauchen. Wenn nicht – lassen Sie es liegen.

- Wenn das Geschäft von Ihrem Wohnort weiter entfernt liegt, müssen Sie sich überlegen, ob die Benzinkosten nicht womöglich die Ersparnis durch das Angebot wieder auffressen. Es ist nicht sinnvoll, 15 Kilometer mit dem Auto zu fahren, um drei Pakete Toilettenpapier etwas billiger zu kaufen.

- Wenn Sie zu einem Geschäft fahren, um dort ein Angebot zu kaufen, kaufen Sie auch nur das Angebot! Auch wenn es sehr bequem wäre, gleich den gesamten Einkauf dort zu erledigen, ist das meist die teurere Lösung. Setzen Sie sich Scheuklappen auf: Schnäppchen nehmen und wieder raus!

- Wenn Sie sich nicht sicher sind, ob Sie das angebotene Produkt mitnehmen sollen, dann legen Sie es erst mal zurück und schlafen Sie eine Nacht darüber. Überlegen Sie, ob es Ihnen das Geld wert ist, ob Sie es wirklich brauchen und ob Sie sich den Artikel leisten können. Wenn ja, greifen Sie zu und genießen Sie ihn.

- Übrigens kommen die meisten Angebote in irgendeiner Form wieder: Die Discounter veranstalten regelmäßig »Länder-Wochen«, die Supermärkte preisen immer wieder ähnliche Produkte an. Und in den Kaufhäusern gehören Haushaltswochen zu Jahresbeginn zum Standard.

Tipp: Alle Unternehmen, die sich am Markt tummeln, ganz gleich welcher Branche, verfolgen vor allem ein Ziel – nämlich Geld zu verdienen. Werden Sie deshalb misstrauisch, wenn ein Angebot zu gut klingt, um wahr zu sein. Fragen Sie sich immer: Wo ist der Haken?

Manchmal kann man mit Schnäppchen aber auch richtig Geld sparen: wenn es sich um ein supergünstiges Angebot handelt, der Laden in Ihrer Nähe liegt, die Ware sich gut lagern lässt, Sie sie auch wirklich brauchen und Sie das Geld, das Sie damit binden, nicht an anderer Stelle dringender brauchen! In diesen Fällen sollten Sie zuschlagen und auch Ihre Vorräte aufstocken.

Wimmeln Sie aufdringliche Telefonverkäufer ab

Nach wie vor plagen sich Verbraucher mit einer besonders aggressiven Form des Verkaufens herum: der unerlaubten Telefonwerbung. Und das, obwohl es bereits seit 2009 ein Gesetz gegen unerlaubte Telefonwerbung und seit 2013 ein Anti-Abzocke-Gesetz gibt. Zu jeder Tageszeit, am Feierabend und sogar am Wochenende klingeln die Telefone und jemand versucht, Ihnen irgendetwas anzudrehen, von einem Lottosystemschein über Versicherungen und Telefonanschlüssen bis zu Abonnements für Socken oder Damenunterwäsche. Die Damen und Herren am anderen Ende der Leitung sind durch ihre Callcenter darauf geschult, ein »Nein« nicht zu akzeptieren, sondern auf einen Abschluss hinzuarbeiten. Dabei nutzen sie es aus, den Kunden in seinen Privaträumen zu überraschen und unvorbereitet anzutreffen.

Um es ganz klar zu sagen: Wenn Sie nicht die Genehmigung zu solchen Anrufen gegeben haben, dann sind solche Aktionen bei Privatpersonen illegal! Unternehmen brauchen Ihre ausdrückliche Genehmigung, bevor sie Sie zu Werbezwecken anrufen.

Tipp: Diese Genehmigungen werden oft – obwohl auch das nicht zulässig ist – in Klauseln und AGB versteckt und über Gewinnspiele eingeholt. Lesen Sie sich also auch das Kleingedruckte durch, bevor Sie etwas unterschreiben, und streichen Sie die entsprechenden Einwilligungen durch.

Dennoch haben sehr viele Menschen Schwierigkeiten, mit den ebenso unbeirrbar freundlichen wie aufdringlichen und redegewandten Verkäufern fertigzuwerden. Sie lassen sich in Gespräche verwickeln, sagen ab und zu »Ja«, stimmen zu, dass ihnen Informationsmaterial zugeschickt wird – und halten ein paar Tage später ein Schreiben mit folgenden Worten in der Hand: »Wir freuen uns, Sie als unseren Kunden begrüßen zu dürfen.« Viele Konsumenten zahlen dann aus Verunsicherung die anfallenden Rechnungen – und selbst wenn sie sich wehren, kostet der Widerspruch Zeit und Geld.

Lassen Sie sich hier auf nichts ein! Am besten ist es, Sie legen einfach ohne weitere Worte auf, wenn Sie einen Telefonverkäufer an der Strippe haben. Sie finden das unhöflich? Nun gut, das ist es vielleicht auch. Aber ist es etwa höflich, Sie in Ihrer Freizeit und in Ihrer Privatsphäre zu stören, um Ihnen etwas anzudrehen, was Sie nicht brauchen? Sehen Sie …

Im Übrigen können Sie von Verträgen, die Sie angeblich oder tatsächlich während eines Telefonats abgeschlossen haben, innerhalb von 14 Tagen ohne weitere Begründung zurücktreten. Schicken Sie das Widerrufsschreiben aber unbedingt per Einschreiben an das Unternehmen, damit Sie den Widerruf auch beweisen können.

Wenn Sie von einem Anbieter besonders arg belästigt werden, können Sie ihn abmahnen lassen. Sie melden das Unternehmen, Datum und Uhrzeit des Anrufs und das beworbene Produkt an die Bundesnetzagentur, die den Rest übernimmt. Einen Vordruck für die Meldung finden Sie unter www.bundesnetzagentur.de → Telekommunikation → Verbraucher → Unerlaubte Telefonwerbung. Entlocken Sie dem Anrufer alle Informationen, indem Sie sich zuerst ein wenig schwerhörig stellen: »Entschuldigung, ich habe Sie nicht verstanden, hier ist es so laut. Wer sind Sie und weshalb rufen Sie an?« Wenn Sie dann alle Daten für die Abmahnung beisammen haben, untersagen Sie schon am Telefon sofort alle weiteren Anrufe – sowohl vom beauftragenden Unternehmen als auch vom Callcenter selbst. Kündigen Sie die Abmahnung an und fordern Sie, dass alle Ihre Daten gelöscht werden. In der Regel haben Sie dann zumindest vor diesem Anrufer Ruhe.

Übung 11

Sie ärgern sich regelmäßig über aufdringliche Telefonverkäufer? Dann gönnen Sie sich doch mal den Spaß und überlegen Sie sich die fünf absurdesten Abwimmelsprüche: »Ne, Danke, ich habe letzte Woche schon im Lotto gewonnen.« »Um Himmels willen, wollen Sie mich umbringen? Ich habe eine Allergie gegen Handystrahlen!« ... Dann können Sie dem nächsten Anruf wenigstens eine lustige Seite abgewinnen, bevor Sie auflegen.

Tricks an der Haustür und im Internet

»Guten Tag, ich komme von der Telekom und soll Ihren Anschluss überprüfen. Aha – alles in Ordnung. Würden Sie mir bitte hier bestätigen, dass ich bei Ihnen war?« Klar, kein Problem – oder doch? Unseriöse Vertreter versuchen, als angebliche Telekom-Vertreter mit dieser Masche schon mal Abschlüsse zu erzielen. Denn während der Kunde glaubt, er unterschreibe eine Bestätigung, schließt er in Wahrheit einen Vertrag mit einem anderen Telekommunikationsanbieter ab, der ihm schöne Mehrkosten beschert.

Verkäufer an Ihrer Haustür, seriöse wie unseriöse, bauen auf den Überraschungseffekt und darauf, Sie in der geschützten Privatsphäre zu erwischen. Den klassischen Staubsaugervertreter finden Sie allerdings kaum noch, mittlerweile geht es meist um Telefonverträge. Auch Drückerkolonnen, die mit einer Mischung aus Mitleiderregen und subtilen Drohungen versuchen, ein Abo zu verkaufen, sind häufiger unterwegs. Gehen Sie hier genauso vor wie bei den penetranten Telefonverkäufern: Wimmeln Sie die Vertreter ab, machen Sie notfalls einfach die Tür zu. Wenn Ihnen jemand erzählt, er käme von der Telekom (und Sie haben tatsächlich einen Telekom-Anschluss), von den Stadtwerken oder einer anderen »offiziellen« Stelle, dann lassen Sie sich einen Ausweis zeigen – vor allem, wenn der Besuch unangekündigt erfolgt.

Früher wurden solche Geschäfte, bei denen der Kunde bewusst überrumpelt wurde, »Haustürgeschäfte« genannt. Seit 2014 aber wurde das entsprechende Gesetz deutlich ausgebaut. Mittlerweile hat der Kunde bei allen Vertragsabschlüssen, die »außerhalb von Geschäftsräumen« getätigt werden, ein 14-tägiges Widerrufsrecht. Der Verbraucher ist seitdem in weit mehr Situationen vor solchen »Überraschungsangriffen« geschützt, beispielsweise auch in öffentlichen Verkehrsmitteln oder in der Fußgängerzone.

Und noch eine Verbesserung hat das neue Gesetz ergeben. Wenn Sie früher mit einem Vertreter einen Termin für einen Besuch bei sich zu Hause vereinbart hatten, war ein späterer Widerspruch des Geschäfts aus diesem Besuch nicht mehr möglich. Diese Gesetzeslücke hatten unseriöse Vertreter häufig ausgenutzt. Mittlerweile aber ist auch in solchen Situationen (abgesehen von wenigen Ausnahmen, die Notfälle betreffen) ein Widerruf möglich.

Nutzen Sie die Möglichkeit zum Widerruf (per Einschreiben) unbedingt, wenn Sie aus Unachtsamkeit doch einmal ein unüberlegtes Geschäft bei sich zu Hause oder unterwegs abgeschlossen haben, das Sie gar nicht wollten. Besser ist es natürlich, Sie lesen alles, was Sie unterschreiben, vorher durch – dann haben unseriöse »Berater« überhaupt keine Chance. Und das gilt unabhängig davon, ob Sie im Geschäft, zu Hause, in der Bank oder sonst wo etwas unterschreiben.

Auch im Internet hat man sehr schnell irgendwelche Abonnements oder Käufe am Hals, von denen man nicht einmal ahnt, dass man sie gerade abgeschlossen hat. Viele Verträge sind als Werbung oder Informationsangebot getarnt – aber sobald Sie auf den entsprechenden Button klicken, gilt das, nach der Logik der Unternehmen, als Zustimmung zum Vertragsabschluss. Seit 2012 allerdings müssen die Buttons, die zum Vertragsabschluss führen, eindeutig bezeichnet werden, etwa durch die Beschriftung »kostenpflichtig bestellen«. Dem Kunden soll so unmissverständlich klargemacht werden, dass er eine Zahlungsverpflichtung eingeht. Außerdem muss der Verbraucher auf sein Widerrufsrecht hingewiesen werden und diese Belehrung auch bestätigen. Fehlen diese Bausteine im Bestellprozess, ist der Kaufvertrag null und nichtig.

Seien Sie im Internet immer besonders bei jenen Seiten aufmerksam, bei denen Sie irgendwann einmal Ihre persönlichen Daten hinterlassen haben. Wenn ein Internetunternehmen Geld von Ihnen haben will, braucht es eine Adresse, an die es eine Rechnung schicken kann, oder eine Kreditkartennummer, um das Geld abzubuchen. D. h., spätestens wenn Sie aufgefordert werden, solche Daten einzugeben, sollten Sie misstrauisch werden, die Angabe der Kosten auf den Seiten suchen und eventuell den Vorgang abbrechen. Wenn Sie aber irgendwann schon mal die Daten eingegeben haben, liegen diese dem Unternehmen vor. Damit entfällt der Schutzmechanismus, der Sie warnen kann.

Wenn es doch passiert ist, Sie bei einer Website in die Falle getappt sind und eine Zahlungsaufforderung zugeschickt bekommen, bestreiten Sie schriftlich bei dem Unternehmen, dass ein kostenpflichtiger Vertrag abgeschlossen wurde. Senden Sie diesen Brief per Einschreiben. Denn in den meisten Fällen sind keine rechtswirksamen Verträge zustande gekommen. Lassen Sie sich von der Verbraucherzentrale beraten.

Geldfalle Smartphone und Tablet

Smartphones und Tablets können unglaubliche Geldfresser sein. Vielen Menschen ist scheinbar gar nicht bewusst, dass die damit verbundenen Leistungen in der Regel sehr teuer sind. Sie telefonieren munter drauflos, kaufen Apps, spielen Spiele, bis die Finger schmerzen, streamen Videos, schlagen bei In-App-Käufen zu usw. So entstehen ruckzuck Rechnungen über mehrere Hundert Euro – und das jeden Monat. Das Smartphone ist gerade bei jungen Leuten einer der Hauptauslöser von Verschuldung.

Wie viele mobile Geräte haben Sie?

14 Prozent der Deutschen ab 16 Jahren nutzen ein Tablet, ein Smartphone und zudem einen PC, so eine Studie des Bundesverbands Digitale Wirtschaft. Bei den 14- bis 29-Jährigen gibt es kaum noch jemanden ohne Smartphone: Hier nutzen 89 Prozent ein solches Gerät. Das stellte eine Studie von bitkom (Bitkom-Smartphone-Studie 2015) fest. Und ein Ende des Trends ist noch nicht absehbar, kommen doch immer neue Geräte hinzu wie etwa die Smartwatch. Viele Verbraucher besitzen zudem mehrere mobile Geräte, Smartphones und Tablets gleichzeitig. Warum ist das so?

Einer der Gründe könnte darin liegen, dass Smartphone und Tablet, wie so viele andere Dinge auch, nicht mehr nur Gebrauchsgegenstände sind, sondern zu Mode- und Designartikeln geworden sind. Nur die neuesten Geräte mit den extravagantesten Ausstattungen sind dann gerade noch gut genug. Ein Smartphone, das zwei Jahre alt ist, gilt schon als veraltet, obwohl es technisch in einwandfreiem Zustand ist und den Hauptzwecken – telefonieren, Termine verwalten, Fotos machen, Instant Messages schreiben etc. – noch gut genügt. Dennoch wird ein neues Gerät angeschafft – und das kostet. Selbst ganz einfache Smartphones ohne Schnickschnack können ohne Vertrag bei Neukauf 80 bis 100 Euro und mehr kosten.

Sehen Sie ein Smartphone als das, was es in erster Linie ist: als einen Gebrauchsgegenstand. Sie wollen damit telefonieren und Ihren Alltag organisieren und erleichtern. Besorgen Sie sich dann ein neues Smartphone, wenn das alte kaputtgeht – vorher brauchen Sie in der Regel keines.

Ein neuer Vertrag für ein neues Smartphone?

Weil neue Smartphones und Tablets so teuer sind, greifen viele Benutzer zu einer vermeintlich preiswerteren Alternative. Sie schließen einen neuen Vertrag bei einem der vielen Anbieter ab – dann gibt es das begehrte Stück zum Sonderpreis dazu. Und das oft genug, obwohl der alte Vertrag noch eine ganze Zeit läuft. So bestehen in vielen Haushalten gleich mehrere Verträge parallel und verursachen hohe Kosten.

Aber ist das Smartphone oder Tablet über einen Vertrag tatsächlich preiswerter? Wer nachrechnet, kommt schnell zu einem anderen Ergebnis. Denn mit dem Vertrag binden Sie sich für zwei Jahre an den Provider und zahlen dafür eine monatliche Grundgebühr oder aber Sie legen sich auf einen Mindestumsatz fest. Beide Beträge fallen immer an, egal wie oft Sie das neue Gerät nutzen. Sie gehören zu den Fixkosten – und die sollten Sie, wie gesagt, möglichst gering halten, um Ihren finanziellen Spielraum nicht einzuschränken.

Beispielrechnung: Um an ein neues schickes Smartphone zu kommen, schließen Sie einen Vertrag bei einem Telekommunikationsunternehmen ab. Für das Smartphone müssen Sie eine Zuzahlung leisten. Außerdem entscheiden Sie sich für einen Tarif, der eine Flatrate fürs Telefonieren, für SMS und ein Datenvolumen für das Surfen im Internet vorsieht.

Die Rechnung sieht beispielsweise wie folgt aus:

Handyzuzahlung 4,95 Euro

Vertragsgrundgebühr pro Monat 40 Euro

d. h. Vertragsgrundgebühr für zwei Jahre Vertragslaufzeit 960 Euro

Hinzu kommen möglicherweise sogar noch Anschlussgebühren und Lieferkosten etc. Das Handy war also gar nicht superpreiswert, sondern im Gegenteil mit insgesamt knapp 965 Euro sogar ziemlich teuer. Im Internetshop hätten Sie es mit großer Wahrscheinlichkeit zu einem günstigeren Preis bestellen können. Und noch eine Falle lauert auf Sie: Wenn Sie den Vertrag nicht rechtzeitig kündigen, wird er automatisch verlängert!

Außerdem sind die Smartphones oder Tablets, die Sie zu einem Vertrag dazubekommen, oft mit einer sogenannten SIM-Lock- oder Net-Lock-Sperre versehen. Sie sorgt dafür, dass Sie mit diesem Gerät nur über diesen einen Anbieter telefonieren und ins Internet gehen können. Dass dabei höhere Kosten anfallen als bei Billiganbietern, ist klar. Auch dadurch finanzieren Sie das vermeintliche Schnäppchen mit.

Fazit: Schließen Sie niemals einen Vertrag ab, nur um an ein neues Smartphone oder Tablet zu kommen. Und überhaupt: Brauchen Sie einen Vertrag? Meist ist es preiswerter, einen Pre- oder Postpaidanbieter zu wählen, selbst wenn hier die eigentlichen

Gesprächsgebühren höher sind. Aber mit ihnen sparen Sie in jedem Fall schon mal die regelmäßigen Grundgebühren.

Welche Kosten sonst noch anfallen

Neben den monatlichen Grundgebühren fallen beim Smartphone und beim Tablet noch die nutzungsabhängigen Kosten an. Zwar sind bei den meisten Verträgen Flatrates für Telefonate ins Festnetz, in Mobilfunknetze und für SMS inbegriffen. Außerdem stehen hier Datenvolumen für die Internetnutzung zur Verfügung, aber wer viel und lange mit dem Smartphone im Netz unterwegs ist, kommt da schnell drüber. Dann schleicht das neue Gerät nur noch schneckenlangsam durchs Netz. Dann muss doch ein größerer und teurerer Vertrag her oder zusätzliche Datenpakete müssen gekauft werden.

Echte Geldfallen sind Apps. Natürlich ist es ungeheuer praktisch, sein Smartphone oder Tablet mit den kleinen, nützlichen Programmen aufzurüsten. Aber viele der Apps sind kostenpflichtig oder sind werbefinanziert und verleiten damit zu teuren Klicks. Mehr noch: Oft finanzieren sich Apps über sogenannte In-App-Käufe. Wenn Sie bei einem tollen Spiel das nächste Level erreichen oder bei einer Organisations-App eine praktische Funktion nutzen wollen, müssen Sie dafur bezahlen. Das kann – gerade bei Spielen, die bewusst auf die Belohnungszentren in unserem Gehirn abzielen – teuer werden. Denn ein einzelner In-App-Kauf fällt vielleicht nicht ins Gewicht, in der Summe aber kommen ganz schöne Beträge zusammen.

Gerade bei jungen Menschen sind die Kosten für die mobile Kommunikation oft immens. Wenn Ihre Abbuchungen in diesem Zusammenhang immer sehr hoch sind, sollten Sie dringend Ihr Nutzungsverhalten überprüfen:

- Nutzen Sie eine Prepaidkarte statt eines Vertrags. Sie hat den großen Vorteil, dass keine unliebsamen Überraschungen in Form von Rechnungen kommen.

- Wenn Sie einen Prepaidvertrag haben, legen Sie am Anfang des Monats fest, welchen Betrag Sie für das Handy ausgeben wollen. Kaufen Sie dann eine entsprechende Guthabenkarte. Ist die Karte leer, können Sie nicht mehr telefonieren, keine SMS mehr verschicken und das Internet nicht mehr nutzen. Sie können aber jederzeit noch angerufen werden.

- Mittlerweile gibt es viele besondere Tarife für junge Leute, Auszubildende und Studenten. Beobachten Sie eine Weile Ihr Nutzungsverhalten und legen Sie fest, was Ihnen in Zukunft wichtig ist. Dann vergleichen Sie die Tarife der unterschiedlichen Anbieter. Eine gute Website dafür ist www.teltarif.de.

- Überlegen Sie sich gut, welche Apps Sie für Ihr Smartphone wirklich brauchen und ob es zu einem kostenpflichtigen Programm eventuell eine kostenlose Alternative gibt. Lesen Sie aber auch bei kostenlosen Apps immer die Userbewertungen und die Nutzungsbedingungen durch, um böse Überraschungen zu vermeiden.

- Vorsicht bei Apps, die In-App-Käufe anbieten. Hier summieren sich kleine Beträge schnell.

Tipp: Teuer wird die mobile Kommunikation im Ausland. Auch wenn die Roaminggebühren innerhalb der EU in den letzten Jahren deutlich gefallen sind, kann ein Telefonat im Ausland oder die Informationsrecherche am Urlaubsort richtig ins Geld gehen, insbesondere, wenn Sie Länder bereisen, die nicht der EU angehören. Das gilt z. B. schon für die Schweiz! Eine zusätzliche und weitgehend unbekannte Kostenfalle sind die Aktualisierungen von Apps, während Sie im Ausland sind. Wenn Sie viel außerhalb der EU unterwegs sind, besorgen Sie sich unbedingt eine SIM-Karte eines Anbieters Ihres Gastlandes. Zumindest sollten Sie die Roamingfunktion in Ihrem Smartphone ausstellen.

6. SÄULE: FINANZIEREN SIE ANSCHAFFUNGEN UND IHREN LEBENSUNTERHALT RICHTIG

Der beste Rat, den wir Ihnen zu diesem Thema geben können, lautet: Ihren Lebensunterhalt müssen Sie selbstverständlich ausschließlich aus Ihrem laufenden Einkommen finanzieren. Mit Haushaltsbuch, solider Planung, gezähmten Fixkosten und einem bewussten Ausgabeverhalten schaffen Sie das auch. Und Anschaffungen, seien es Möbel, der neue Computer oder ein Auto, sollten Sie möglichst nur und erst dann tätigen, wenn Sie die benötigte Summe bereits angespart haben.

Die einzige Ausnahme sind Immobilienfinanzierungen, bei denen realistischerweise niemand ohne Kredit auskommt. Da Sie als Berufsanfänger aber vermutlich nicht gleich eine eigene Wohnung kaufen werden, sollte Ihr Motto lauten: »Nur Kredite, die ich nicht aufnehme, sind gute Kredite.«

Warum das so ist? Weil, und das machen sich sehr viele Menschen nicht ausreichend klar, alles, was Sie auf Kredit kaufen, viel teurer ist, als wenn Sie es bar bezahlen. Gerade wenn Sie wenig Geld zur Verfügung haben, können Sie sich Kredite eigentlich gar nicht leisten. Leider werden Sie aber genau dann am häufigsten in Versuchung geraten, Anschaffungen auf Pump zu finanzieren. Auf einen Schlag beispielsweise 2.500 Euro für Möbel auszugeben, können Sie sich vielleicht nicht erlauben. Wenn man Ihnen aber anbietet, diese Summe in 14 monatlichen Raten von je 195,57 Euro zurückzuzahlen, dann sieht die Ausgabe auf den ersten Blick so viel kleiner aus und der Vertrag ist schnell unterschrieben.

Es ist ja auch so leicht. Kreditinstitute, Einzelhändler und Dienstleister geben auch jungen Leuten gern und im Verhältnis zu deren Einkommen großzügig Kredit. Kein Wunder: Die Händler versprechen sich davon mehr Umsatz mit Menschen, die ohne Kredite mangels Bargeld gar nichts kaufen würden. Und Kreditinstitute schätzen die Kunden, deren Konten immer im Plus sind, ohnehin nicht besonders. Schließlich sind es die Kredite, sprich: die Schulden ihrer Kunden, an denen sie satt verdienen.

Wenn Sie sich also Möbel für 2.500 Euro kaufen wollen, wird der Händler oder die Bank Ihnen, wenn Sie ein entsprechendes, regelmäßiges Einkommen haben, gern einen Kredit geben. In den Monatsraten von 195,57 Euro stecken nämlich Zinsen in Höhe von 6,8 Prozent. Das ist nicht einmal ein besonders hoher Zinssatz. Dennoch führt er dazu, dass Sie sich 2.500 Euro leihen, aber nach Ablauf der 14 Monate insgesamt 2.738 Euro zurückgezahlt haben werden. Für die Bank ist das ein prima Geschäft.

»Das mach ich sowieso nicht, ich nehme nur eine 0,0-Prozent-Finanzierung direkt beim Händler!«, denken Sie sich jetzt vielleicht. Dann zahlen Sie tatsächlich nur 2.500 Euro, möglicherweise allerdings zuzüglich der Kosten für eine Restschuldversicherung. Die wollen viele Händler haben, um sich selbst abzusichern, falls Sie nicht den ganzen Kredit zurückzahlen können. Aber selbst wenn der Anbieter keine Restschuldversicherung will und auch sonst keine Zusatzkosten wie eine Bearbeitungsgebühr anfallen: Vergleichen Sie doch einmal den Preis, den Sie für das begehrte Gut mit einer Finanzierung zahlen, mit dem Preis, den Sie bei Barzahlung oder Vorauskasse zahlen müssten. Gerade bei Möbeln, aber auch bei vielen anderen Anschaffungen bekommen Sie gegen sofortige Barzahlung satte Abschläge, bzw. es gelten dann andere, niedrigere Listenpreise.

Es gibt noch einen weiteren Grund, der gegen Ratenkäufe spricht: Sie können sich nicht einmal damit trösten, einen echten Gegenwert für das viele bezahlte Geld zu haben. Denn wenn das kreditfinanzierte Gut endlich wirklich Ihnen gehört, ist es nicht mehr neu. Für den Fall, dass Sie es wegen akuter Geldnot verkaufen müssten, würden Sie für die gebrauchten Stücke nur noch einen Bruchteil ihres Neuwerts erlösen können. Mindestens genauso schlimm ist das übrigens bei Autos, die in den ersten drei bis vier Jahren bereits bis zur Hälfte ihres Werts verlieren.

Deshalb noch mal unser Rat: Finanzieren Sie Anschaffungen aus Ihrem Ersparten, nicht auf Kredit.

Natürlich wissen wir, dass die Realität anders aussehen kann. Dass Anschaffungen manchmal unumgänglich sind, selbst wenn kein Erspartes zur Verfügung steht. Dass es so leicht ist, Kredite abzuschließen, dass viele Verkäufer sehr überzeugend und die Verführungen aus der bunten Konsumwelt extrem verlockend sind. Dass etliche junge Haushalte deswegen gleich mehrere Ratenkredite nebeneinander haben und ihr Girokonto laufend im Minus ist.

Das aber ist nicht nur teuer, sondern kann sogar existenzbedrohend werden. Der Weg in die Überschuldung bis hin zur völligen Zahlungsunfähigkeit und Privatinsolvenz ist gepflastert mit unüberlegten Konsum- und fahrlässigen Kreditentscheidungen. Wir werden Sie in diesem Kapitel mit dem Wissen versorgen, das Sie brauchen, um nicht auf diesen finanziellen Irrweg zu geraten.

Welche Kreditarten Sie nutzen können

Als Privathaushalt haben Sie grundsätzlich vier Möglichkeiten, sich mit fremdem Geld zu finanzieren.

1. Dispositionskredit

Als Inhaber eines Girokontos mit regelmäßigem Einkommen bekommen Sie in der Regel einen Dispositionskredit eingeräumt. Er steht Ihnen jederzeit zur Verfügung. Im Rahmen dieses Kredits können Sie ohne weitere Formalitäten und vor allem ohne Bearbeitungsgebühr ins Minus gehen, also Ihr Konto »überziehen«. Das ist schön einfach. Der Preis dafür ist freilich hoch: Zwischen 7 und 12 Prozent Zins (je nach Bank) kostet Sie derzeit (August 2016) der »Dispo«, wenn Sie ihn nutzen.

Wenn Sie Ihr Konto noch über den Dispositionskredit hinaus belasten, wird Ihnen die Bank – wenn sie Sie als kreditwürdig einschätzt – sogar einen zusätzlichen Überziehungskredit genehmigen. Darauf sollten Sie sich aber nicht verlassen, sondern vorsichtshalber vorab bei Ihrem Kreditinstitut Bescheid geben, wenn Sie wissen, dass eine Überbeanspruchung Ihres Dispos ins Haus steht. In der Regel wird sich Ihr Institut darauf einlassen. Allerdings wird es Ihnen für den genehmigten Überziehungskredit zusätzliche 3 bis 4 Prozent Zinsen berechnen. Immerhin gibt es inzwischen auch einige Institute (darunter die Sparkassen), die auf Überziehungszinsen verzichten. Trotzdem sollten Sie alles dafür tun, dass der Dispo möglichst wenig genutzt wird und eine Überziehung am besten gar nicht vorkommt.

2. Ratenkredit (auch: Konsumentenkredit oder Allzweckdarlehen)

Das ist die klassische Kreditart, mit der Sie die Anschaffung eines Autos, von Möbeln, Haushaltsgeräten oder auch die Teilnahme an einer Weiterbildungsmaßnahme finanzieren können. Auch viele Einzel- und Versandhandelsunternehmen bieten die Finanzierung von Einkäufen per Ratenkredit an.

Je nach der Höhe der Summe, der Laufzeit des Kredits, des Kreditanbieters und Ihrer Bonität variiert der Zinssatz von ca. 2 bis 12 Prozent. Vorteilhaft beim Ratenkredit ist die Monat für Monat gleichbleibende und damit gut einplanbare Belastung sowie der im Vergleich zum Dispositionskredit niedrigere Zinssatz. Bevor Sie einen Ratenkredit erhalten, wird allerdings Ihre Kreditwürdigkeit (Bonität) geprüft.

3. Abrufkredit (auch: Rahmenkredit)

Das ist eine Mischung aus Dispositions- und Ratenkredit: Die Bank – meist handelt es sich um eine Direktbank – räumt Ihnen einen bestimmten Kreditrahmen ein, den Sie je nach Bedarf gleich voll oder nach und nach in Teilen in Anspruch nehmen können. Wenn Sie z. B. einen Gebrauchtwagen kaufen wollen, können Sie 6.000 Euro auf einen Schlag auf Ihr Konto abrufen und davon den Wagen bar bezahlen. Den abgerufenen Betrag zahlen Sie entweder in festen Monatsraten an Ihr Kreditinstitut zurück, wobei jederzeit Sondertilgungen (also höhere Rückzahlungen) möglich sind. Oder die Anbieter verlangen keine festen Raten, sondern als monatlichen Mindestbetrag nur die Zinszahlung, und auch die nur, wenn der volle Kreditbetrag in Anspruch genommen wurde. Dann tilgen Sie eben nur dann, wenn Sie gerade Geld dafür haben.

Abrufkredite gibt es bereits ab einem Zinssatz von 3 Prozent und die zahlen Sie nur auf die Höhe des Kreditbetrags, den Sie tatsächlich in Anspruch genommen haben. Vorteilhaft ist auch, dass Sie in der Regel bei der gewährenden Bank kein Girokonto unterhalten müssen, um ihn zu bekommen. Allerdings gibt es meist eine Mindestsumme, die Sie als Kredit in Anspruch nehmen müssen. Außerdem ist der Zins höher als beim Ratenkredit und zudem variabel. Wenn keine feste Monatsrate zu zahlen ist, müssen Sie schon sehr diszipliniert sein, um den Kredit auch wieder in einem vernünftigen Zeitrahmen zu tilgen.

4. Hypothekendarlehen

Eine Hypothek ist die Belastung eines (bebauten oder unbebauten) Grundstücks mit einem Pfandrecht. Sie wird im Grundbuch eingetragen und gibt dem eingetragenen Kreditinstitut das Recht, das Grundstück zu verkaufen und mit dem Erlös Ihre Schulden zu tilgen, wenn Sie den damit besicherten Kredit nicht zurückzahlen. Entsprechend können Sie ein Hypothekendarlehen einsetzen, um den Kauf von neuen oder gebrauchten Immobilien bzw. von Umbauten und Modernisierungsmaßnahmen zu finanzieren.

Zins- und Tilgungsraten sind je nach Ihrer Kreditwürdigkeit und Ihrem Verhandlungsgeschick unterschiedlich. Ein Hypothekendarlehen bekommen Sie vergleichsweise leicht, weil das Kreditinstitut mit dem Grundstück bzw. der Wohnung ja eine Sicherheit hat. Können Sie den Hypothekenkredit nicht bedienen, wird die Bank Ihre Immobilie zwangsversteigern. Wenn Sie Glück haben, kommt dabei genug Geld heraus, dass Sie wenigstens das Darlehen damit abzahlen können.

Baufinanzierungen sind allerdings ein sehr komplexes Thema, das wir im Rahmen dieses Buches nicht weiter behandeln werden.

Holen Sie mehrere Angebote ein

Bis auf den Dispo bekommen Sie all diese Kredite keineswegs nur bei Ihrer Hausbank, bei der Sie Ihr Girokonto haben, sondern auch bei jedem anderen Kreditinstitut. Oft ist es sogar so, dass »fremde« Institute bessere Konditionen (vor allem niedrigere Zinsen) bieten als Ihre Hausbank. Diese ist sich Ihrer als Kunde ja sicher, die anderen wollen Sie als Kunden gewinnen und sind deshalb bereit, Ihnen mehr entgegenzukommen.

Deshalb sollten Sie, wenn Sie einen Kredit aufnehmen müssen, auch bei ein oder zwei anderen Instituten anfragen. Wenn Sie dort ein günstigeres Angebot bekommen, können Sie es Ihrer Hausbank zeigen. Diese lässt sich dann entweder auf die Konditionen der Konkurrenz ein – oder Sie schließen den Kreditvertrag eben bei der Konkurrenz ab.

Wovon es abhängt, ob Sie einen der genannten Kredite bekommen

Kreditinstitute wollen mit dem Verleihen von Geld weiteres Geld verdienen. Sie werden also gern und leicht verleihen, wenn sie sicher sind, ihr Geld (plus Zinsen) problemlos zurückzubekommen. Deshalb schaut jedes Institut zuerst auf Ihre regelmäßigen Einnahmen, auf Ihre bisherige Kontoführung und auf das, was Sie als Sicherheiten zu bieten haben. Man prüft also Ihre Kreditwürdigkeit oder Bonität.

Wenn Sie sehr wenig verdienen und keine sonstigen Einkünfte haben, werden die seriösen Institute mit der Kreditvergabe zögerlich sein. Ebenso, wenn es bisher schon öfter Probleme mit der Kontodeckung gab. Jede Rücklastschrift, bei der eine Zahlung mangels Kontodeckung nicht geleistet werden konnte, jede Zahlung an ein Inkasso-Unternehmen und erst recht natürlich eine Kontopfändung verringert die Wahrscheinlichkeit, dass Sie einen Kredit bekommen.

Es hilft auch nicht, wenn Sie bei entsprechenden Problemen einfach die Bank wechseln. Jedes Institut und auch andere Kreditgeber, die Sie noch nicht kennen (auch Handelsunternehmen), werden nämlich vor der Kreditvergabe eine Schufa-Auskunft einholen.

Was ist die Schufa?

»Schufa« ist das Kürzel für »Schutzgemeinschaft für allgemeine Kreditsicherung«. Faktisch handelt es sich um eine zentrale Datensammelstelle, bei der Banken, Sparkassen, Versicherungen,

Leasingunternehmen, Kaufhäuser usw. zahlungsrelevante Daten über Verbraucher melden. Zusätzlich wertet sie die Schuldnerverzeichnisse der deutschen Amtsgerichte aus, in die man eingetragen wird, wenn man als säumiger Schuldner eine Vermögensauskunft (früher: Eidesstattliche Versicherung) abgeben musste.

Die Institutionen, die ihre Daten an die Schufa melden, fragen dort nach, ob Sie als Neukunde kreditwürdig sind, wenn Sie ein Konto eröffnen oder einen Kredit aushandeln wollen. Mehr als 100 Millionen solcher Auskünfte liefert die Schufa Jahr für Jahr. Ist der Eintrag über Sie negativ, müssen Sie mit höheren Zinsen rechnen. Im Extremfall bekommen Sie keinen Kredit und es kann auch vorkommen, dass ein Kreditinstitut versucht, Ihnen ein Girokonto selbst auf Guthabenbasis zu verweigern, auch wenn das gar nicht mehr zulässig ist.

In Kredit-, Leasing- und Mobilfunkverträgen findet sich in der Regel eine sogenannte Schufa-Klausel, laut der Sie sich damit einverstanden erklären, dass Ihre Daten an die Schutzgemeinschaft für allgemeine Kreditsicherung übermittelt werden. Sie können sich zwar weigern, diese Klausel zu unterschreiben, bzw. sie aus dem Vertrag streichen. Dann werden Sie aber den Kredit bzw. den Vertrag nicht erhalten.

Welche Daten die Schufa über Sie sammelt

Gespeichert werden Ihr Name, Ihre Adresse, Ihr Geburtsdatum, bestehende Girokonten und Kreditverträge. Unter Letzteren versteht die Schufa z. B. Leasingverträge und Ratenkäufe bei Versandhandelsunternehmen.

Gespeichert wird aber zunächst nur, wie viele Mobilfunkverträge Sie haben. Es wird nicht festgehalten, bei welchen Gesellschaften Sie Kunde sind und wie hoch Ihre Handyrechnungen sind. Die Schufa erfährt, ob Sie ein Girokonto und ein Dispolimit haben. Sie weiß aber nicht, wie hoch das Dispolimit ist oder ob Sie den Dispo überhaupt in Anspruch nehmen. Ebenso wenig weiß sie, wie hoch Ihr Einkommen ist, welche Guthaben Sie auf Ihrem Girokonto haben und welches Vermögen (Sparbuchguthaben und andere Geldanlagen) Sie sonst noch haben.

Brisant ist dagegen alles, was als sogenanntes Negativmerkmal erfasst wird: Rechnungen, die Sie erst nach Mahnung oder gar nicht bezahlt haben, gerichtliche Mahnverfahren, eidesstattliche Versicherungen. Finden sich solche Einträge über Sie bei der Schufa, werden Sie kaum noch Anbieter finden, die Ihnen Kredit einräumen.

Tipp: **So finden Sie heraus, was die Schufa über Sie sagt.**

Das Bundesdatenschutzgesetz (§ 33 ff.) räumt Ihnen das Recht ein, die Daten, die die Schufa über Sie gespeichert hat, einmal im Jahr – und zwar kostenlos! – im Rahmen einer Eigenauskunft einzusehen. Das sollten Sie schon deswegen einmal machen, weil die gespeicherten Daten manchmal veraltet oder fehlerhaft sind. Eine Eigenauskunft können Sie beantragen unter www.schufa.de → Informationen für Privatpersonen → Schufa Bonitätsauskunft → Datenübersicht nach § 34 Bundesdatenschutzgesetz.

Achtung: Die Schufa möchte Ihnen diese Auskunft gern als teures Paket (etwa für 29,95 Euro als »Schufa-Bonitätsauskunft«) verkaufen. Die Inhalte sind aber dieselben wie bei der kostenlosen Auskunft, auf die Sie einen gesetzlichen Anspruch haben. Diese finden Sie aber nur unter der wenig aussagekräftigen Bezeichnung »Datenübersicht nach § 34 Bundesdatenschutzgesetz«.

Gar nicht so selten verlangen übrigens Vermieter, dass Sie eine Schufa-Eigenauskunft vorlegen, wenn Sie eine Wohnung mieten wollen. Wenn Sie darauf eingehen müssen, weil das Angebot auf dem Wohnungsmarkt Ihnen keine große Wahl lässt, sollten Sie alle für den Vermieter nicht relevanten Daten (z. B. Kreditkarten- oder Kontonummer) schwärzen.

»Kredite ohne Schufa-Auskunft«? – nein, danke!

Manches an der Schufa – etwa die mangelnde Transparenz darüber, wie genau die Beurteilung der Kreditwürdigkeit zustande kommt – ist durchaus kritikwürdig. Grundsätzlich ist das Interesse von Unternehmen und Vermietern an einer Bonitätsauskunft aber verständlich. Händler oder Dienstleister wollen mit den Krediten ihr Geschäft ankurbeln und nicht riskieren, dass sie Waren ausliefern oder Leistungen erbringen, die hinterher nicht bezahlt werden.

Falls Ihre Bonität negativ beurteilt wurde, bringt Sie das in eine Klemme: Einen normalen Bankkredit werden Sie so schnell nicht bekommen. In dieser Situation sollten Sie vorwiegend daran arbeiten, Ihre finanzielle Situation zu verbessern, und sich an eine seriöse Schuldnerberatung wenden.

Was Sie auf keinen Fall tun sollten, ist, einen Kredit bei einem Anbieter aufzunehmen, der auf eine solide Bonitätsauskunft verzichtet. Auch wenn solche »Schufa-freien« Kredite auf den ersten Blick sehr verlockend wirken, raten wir dringend davon ab. Dahinter stehen immer unseriöse Anbieter, die verzweifelte Menschen mit Wucherzinsen und überteuerten Bearbeitungsgebühren so richtig abzocken. Mit einem solchen Kredit lösen Sie kein Problem, sondern schaffen sich ein neues, noch viel größeres.

Richtig teuer: der Dispo immer am Limit

Ein Dispositionskredit ist eigentlich eine Art Notreserve für Fälle, in denen unvorhergesehene Ausgaben das Konto vorübergehend überstrapazieren. Der Dispo federt dann ausnahmsweise und kurzfristig ein »Minus« ab. In der Praxis aber ist für viele Kontoinhaber der »Dispo« längst ein – vermeintlich – bequemes Ruhekissen geworden. Wenn man einen Dispo erst mal hat, ist es ja so leicht, ihn zu nutzen. Mal leistet man sich einen Kneipenbummel mehr, als man eigentlich dürfte, mal kommt eine unerwartet hohe Stromrechnung ins Haus oder eine Reparatur steht an. Macht nichts, dann rutscht man halt ein bisschen in die Miesen. Nächsten Monat noch ein bisschen mehr. Nervös werden deswegen nur wenige.

Wenn Sie Ihren Dispo nutzen, haben Sie Schulden!

Banksachbearbeiter berichten immer wieder, dass viele Kunden ihren Dispositionskredit wie eine Art Guthaben betrachten. Ein typischer Dialog verläuft dann so:

- Bankkunde: »Wie viel habe ich denn noch auf meinem Konto?«
- Banksachbearbeiter: »Also eigentlich nichts. Sie stehen bereits mit 500 Euro im Soll.«
- Bankkunde (erstaunt): »Aber ich habe doch noch 1.000 Euro frei!«

In Wirklichkeit hat dieser Kunde bereits Schulden in Höhe von 500 Euro! Er darf zwar noch weitere 1.000 Euro Schulden anhäufen, bevor seine Zahlungsfähigkeit ernsthaft infrage steht, aber er hat bereits zu diesem Zeitpunkt mehr ausgegeben, als er tatsächlich besitzt.

Daher unsere Warnung: In diese Falle sollten Sie nicht geraten. »Miese« auf dem Konto dürfen kein Dauerzustand sein. Denn damit verliert der Dispositionskredit nicht nur seinen Charakter als Notfallpolster. Er wird auch sehr teuer.

Was kostet der Dispo wirklich?

Manche Leute nutzen ihren Kreditrahmen regelmäßig vollständig aus. Sie sind eigentlich immer im Minus und schaffen es gerade einmal zum Monatsanfang, wenn das Gehalt kommt, ins Plus oder wenigstens auf null zu kommen. 11 Prozent Zins klingt ja nicht so viel. Bezahlen müssen Sie ihn ohnehin monatlich, da sind die Beträge oft gar nicht so hoch. Mal 5 Euro hier und 12 Euro da, das ist doch nicht schlimm. Oder doch? Rechnen wir einmal nach:

Beispiel

Jennifer hat ein monatliches Bruttoeinkommen von 1.800 Euro und ein Dispolimit von 2.000 Euro. Sie ist mit ihrem Konto eigentlich immer im Plus. Ihr Weihnachtsurlaub wurde aber teurer als geplant und dann kommt im Februar auch noch eine Heizkostenabrechnung mit einer Nachzahlung von 300 Euro. Jennifer rutscht am 15. Februar um 500 Euro ins Minus und kommt erst zum Monatsersten mit ihrer Gehaltszahlung wieder ins Plus.

Was kostet sie diese Nutzung des Dispositionskredits? Das errechnet sie nach der Tageszinsformel:

$$\frac{\text{Minussumme x Zinssatz}}{\text{360 Tage}} \text{ x Anzahl der Minus-Tage = Zinssumme}$$

Jennifer ist 14 Tage im Soll, nämlich vom 15. bis zum 28. Februar. Sie rechnet also:

$$\frac{\text{500 Euro x 11 \%}}{\text{360 Tage}} \text{ x 14 Tage = 2,14 Euro}$$

Die einmalige Nutzung des Dispo-Kredits über eine Summe von 500 Euro und eine Dauer von 14 Tagen kostet sie bei einem Zinssatz von 11 Prozent also 2,14 Euro. Das ist nicht viel.

Jennifer ist erleichtert. Dann fährt sie mit ein paar Freunden auf eine Skihütte, kauft vorher noch ein paar Klamotten, muss ihre Waschmaschine reparieren lassen und hat hohe Handyrechnungen, weil ihr Freund gerade ein Praktikum im Ausland macht. Plötzlich ist sie 1.500 Euro im Soll. Das nächste Gehalt bringt sie nur kurz ins Plus. Die Miesen sind zum Dauerzustand geworden. Übers Jahr betrachtet ist Jennifer durchschnittlich mit 1.100 Euro im Minus.

1.100 Euro x 11 % = 121 Euro

Der Dispositionskredit frisst in diesem Jahr stolze 121 Euro an Zinsen!

Übung 12

Nehmen Sie Ihre Aufzeichnungen aus Übung 6 zur Hand. Rechnen Sie anhand der oben genannten Formel nach: Hat Ihre Bank Ihnen die Sollzinsen richtig berechnet?

So kommen Sie weg von den hohen Dispokosten

Am sichersten ist es, wenn Sie nur einen geringen Dispositionskredit beantragen, denn dann kommen Sie gar nicht erst in Versuchung, ihn allzu sehr zu strapazieren. 500 Euro dürften genügen, um die meisten unvorhergesehenen Zahlungen abzufangen. Wenn Sie ansonsten gut mit Ihrem Geld auskommen und alle Rechnungen einigermaßen pünktlich zahlen, wird Ihnen Ihr Kreditinstitut im echten Notfall auch einen Überziehungskredit über den Disporahmen hinaus genehmigen.

Wenn das Kind schon in den Brunnen gefallen bzw. Ihr Dispo ständig in Höhe von ein oder zwei Nettomonatsgehältern am Limit ist, hilft Ihnen dieser Rat freilich wenig. Allerdings werden Sie es in diesem Fall auch kaum schaffen, diese Schulden aus dem laufenden Einkommen abzubauen.

Unser Rat: Versuchen Sie zunächst, den Dispo mit anderem Geld abzubauen. Haben Sie noch einen Notgroschen auf dem Sparbuch oder einen Banksparvertrag liefen? Dann lösen Sie Ihr Sparbuch bzw. den Sparvertrag auf und gleichen mit diesem Geld Ihr Girokonto aus. Auch wenn Ihr Bauchgefühl grummelt, wenn Sie Ihr mühsam Erspartes so nutzen müssen: Auf dem Sparkonto bekommen Sie immer niedrigere Zinsen als die, die Sie für Ihren Dispo zahlen müssen. Es ist völlig sinnlos, sich über 1 Prozent Guthabenzins auf einem Konto zu freuen, wenn Sie auf dem anderen 11 oder 12 Prozent Sollzinsen zahlen müssen.

Wenn Sie keinerlei Geldreserven mehr haben, sollten Sie versuchen, den Dispositionskredit durch einen Ratenkredit abzulösen. Es klingt zunächst vielleicht paradox, einen Kredit durch einen anderen zu ersetzen. Es leuchtet aber ein, wenn Sie Zinsen und Laufzeiten beider Kreditarten vergleichen:

Weiter im Beispiel

Jennifer rechnet genau nach.

1.100 Euro Dispo kosten sie bei einem Zinssatz von 11 Prozent jährlich 121 Euro Zinsen. Sie erkundigt sich bei ihrer Hausbank, die ihr aufgrund ihres bisher recht soliden Finanzverhaltens ein günstiges Angebot macht: Jennifer bekommt einen Ratenkredit über 1.100 Euro zu einem Zinssatz von 5,5 Prozent und einer Laufzeit von zwölf Monaten. Mit dem Geld aus dem Ratenkredit löst sie den Dispokredit ab, gleicht also ihr Konto komplett aus.

Dafür zahlt sie ein Jahr lang monatliche Raten von 94,42 Euro. Insgesamt zahlt sie für die aufgenommen 1.100 Euro also 1.133,04 Euro zurück. Gegenüber der weiteren Disponutzung spart sie bereits in diesem Jahr 87,96 Euro.

Tipp: Die Berechnung der Zinsen ist bei einem Ratenkredit recht kompliziert, weil ja jede Zahlung die zu tilgende Summe und damit die darauf zu entrichtenden Zinsen verringert. Zum Glück gibt es auch hier praktische Online-Rechner, zum Beispiel unter www.zinsen-berechnen.de/kreditrechner.php oder www.kreditzeit.de/kreditrechner.php.

Sollten Sie sich in einer ähnlichen Lage befinden wie Jennifer, lautet unser Rat: Unterschreiben Sie einen Ratenkredit und bringen Sie ihr Girokonto auf null. Anschließend beantragen Sie die Verringerung bzw. völlige Streichung des Dispositionskredits, damit Sie nicht versehentlich rückfällig werden. Die ganze Aktion ist völlig sinnlos, wenn Sie erst umschulden und dann sofort wieder den Dispo strapazieren ...

Nur in Maßen zu genießen: Ratenkredite

Wenn Sie größere Anschaffungen finanzieren wollen bzw. müssen und dabei nicht auf Erspartes zurückgreifen können, ist nicht der Dispositions-, sondern der Ratenkredit das geeignete Finanzierungsinstrument. Ratenkredite sind heute leicht zu haben.

Ratenkredite im Handel

Bei jeder Bestellung in einem Versandhandelskatalog können Sie als »Zahlungswunsch« Ratenzahlung angeben. Jedes Möbelhaus, Küchenstudio oder Elektronikgeschäft bietet die Kreditfinanzierung Ihrer Einkäufe an. Manche werben sogar mit völlig zinsfreien Krediten, den 0,0-Prozent-Angeboten. Ratenzahlung ohne Zins und Bearbeitungsgebühr klingt natürlich sehr attraktiv. Damit können Sie die neue Küche ohne Mehrkosten auch aus Ihrem schmalen Budget finanzieren.

Sie haben es in der Einleitung zu diesem Kapitel schon gelesen: Bei diesen Angeboten sollten Sie ganz genau hinschauen. Häufig sind diese speziellen Angebote von vornherein etwas teurer kalkuliert und es kommen noch Kosten für den Kreditabschluss oder eine Restschuldversicherung hinzu – auch Händler haben nichts zu verschenken, sondern müssen von dem leben, was sie an ihren Kunden verdienen.

Vorsicht vor Sofortkrediten

Wenn Sie bei Ihrer Bank oder Sparkasse als Bezieher eines kleinen Einkommens einen Kredit beantragen, werden Sie oft auf gewisse

Vorbehalte stoßen. Seriöse Geldhäuser sind zögerlich bei der Geldvergabe an potenziell klamme Kunden. Andere Banken, vor allem jene, die sich auf Konsumentenkredite spezialisiert haben, werfen Ihnen das Geld nur so nach. »Bis 3.000 Euro gleich mitnehmen« oder »5.000-Euro-Sofortkredit« steht auf den Werbeschildern in der Fußgängerzone. Sie müssen (fast) nur noch reingehen und unterschreiben.

Was in der Werbung nicht steht, sondern allenfalls im Kleingedruckten mühsam zu entziffern ist: Diese Anbieter wissen auch, welche Kunden potenziell unsichere Kunden sind. Das heißt: Sie wissen um das Risiko, auf ihrer Forderung sitzen zu bleiben. Das kalkulieren sie natürlich ein. Eine schlechtere Bonität schlägt sich automatisch in höheren Zinsen nieder. Bis zu 16 Prozent können das im Einzelfall sein. Die Leute, die es sich eigentlich am wenigsten leisten können, zahlen damit die höchsten Zinsen. Und nicht nur das: Oft verkauft man Ihnen zum Kredit gleich eine Versicherung (Restschuldversicherung) mit, die einspringen soll, wenn Sie den Kredit z. B. wegen Krankheit, Arbeitslosigkeit oder Tod nicht zurückzahlen können. Damit sichert sich die Bank ab und kassiert zusätzlich eine Abschlussprovision von der Versicherung. Schön für die Bank. Teuer für Sie.

Keine echte Finanzierungsalternative: Kreditkarten

Wenn Sie gern verreisen, kann eine Kreditkarte recht nützlich sein. Sie können in 240 Ländern der Welt damit Hotels, Flüge und Einkäufe bezahlen, brauchen dort keine riesigen Summen Bargeld mit sich herumzuschleppen und Ihre Zeit nicht mit der Suche nach Bargeldautomaten zu vertun. Auch in vielen Internetshops kann oder muss man sogar mit Kreditkarte bezahlen.

Als junger Mensch bekommen Sie leicht eine Kreditkarte. Viele Anbieter haben sogar spezielle Karten für Kunden unter 30 Jahre oder für Studenten.

Die Freiheit und Bequemlichkeit, die eine Kreditkarte Ihnen beschert, müssen Sie allerdings bezahlen. Zunächst mit einer Jahresgebühr, die meist zwischen 20 und 50 Euro liegt. Zwar gibt es »kostenlose« Kreditkarten, aber die sind meist an Bedingungen wie ein laufendes Konto bei der ausgebenden Bank (mit den entsprechenden Kontoführungsgebühren) oder einen bestimmten Mindestumsatz über die Karte geknüpft und/oder enthalten andere Gebühren, die den Karteneinsatz dann doch teuer machen. Wenn Sie zum Beispiel mit Ihrer Kreditkarte Bargeld abheben wollen, werden dann selbst im Euro-Ausland schnell mal 1 bis 4 Prozent des Betrags an Gebühren fällig. Ohnehin erheben die Kreditkartenanbieter eine Fremdwährungsgebühr, die bis zu 2 Prozent des bezahlten oder abgehobenen Betrags ausmachen kann, wenn es sich nicht um Euro handelt.

Kreditkarten verführen zu mehr Konsum

Das Tückischste an der Kreditkarte ist jedoch eine vordergründig sehr angenehme Funktion: Wenn Sie mit Ihrer Maestro-Karte (früher: EC-Karte) in einem Geschäft zahlen, wird der Betrag binnen weniger Tage von Ihrem Konto abgebucht. Nicht so bei Ihrer Kreditkarte. Dort werden alle Zahlungen zunächst gesammelt und erst nach Ablauf einer Frist (meist eines Monats) auf einen Schlag abgebucht. Das Positive daran ist, dass Sie auf diese Weise faktisch einen kostenlosen Kredit über die Dauer des Monats erhalten.

Aber genau deswegen wird die Sache recht unübersichtlich. Wer weiß schon noch genau, was er letzten oder vorletzten Monat alles per Karte gekauft hat? Man bezahlt noch dies oder das, bargeldlos, ganz bequem, und fällig wird es ja erst viel später ... Oft ist dann die Überraschung über die Höhe der abgebuchten Summe groß.

Finger weg von Revolving Credit Cards

Eine klassische Kreditkarte wird über Ihr ganz normales Girokonto abgerechnet. Wenn Sie wegen der Kreditkartenzahlungen ins Soll rutschen, müssen Sie eben die Zinsen für die Nutzung Ihres Dispositionskredits zahlen. Teuer wird es nur, wenn Ihr Dispo bereits ausgeschöpft ist, weil dann zusätzliche Kreditkartenzinsen anfallen, die mit bis zu 18 Prozent ziemlich saftig sind.

Daneben gibt es aber auch Angebote von Kreditkarten, die mit einem eigenen Rahmenkredit (Abrufkredit) verbunden sind. Mit einer Kreditkartenzahlung kommen Sie dann automatisch ins Soll, können den Kredit aber über eine feste monatliche Rate tilgen. Sonderzahlungen oder Zahlungen zum Ausgleich des Kontos sind jederzeit möglich. Die müssen Sie aber über eine Extraüberweisung tätigen. Von diesen Angeboten – sie werden oft unter dem Begriff »Teilzahlung« versteckt – raten wir ausdrücklich ab. Sie verführen schon aufgrund ihrer Unübersichtlichkeit zum Schuldenmachen und sind wegen hoher Zinsen wesentlich teurer als ganz normale Raten- oder Abrufkredite.

Exkurs: Bitte keine Bürgschaften!

An dieser Stelle möchten wir Sie noch vor einer weiteren Finanzfalle warnen, in die besonders Frauen und junge Menschen tappen – und die besonders schmerzhaft zuschnappt. Es geht um die Bürgschaft.

Im Prinzip ist es eine einfache Sache: Wenn jemand einen Kredit bei einem Kreditinstitut aufnehmen will, aber nicht so kreditwürdig ist, dass er ihn problemlos bekommt, verlangt das Institut als Sicherheit eine Bürgschaft. Der kreditwillige Kunde muss dann der Bank einen Dritten präsentieren, der sich bereit erklärt, im Notfall gegenüber der Bank für den Kreditnehmer einzuspringen und dessen Schulden abzuzahlen, wenn er das nicht mehr kann. Dieser Dritte ist der Bürge.

Dieselbe Konstruktion gibt es übrigens auch bei Mietverträgen, wenn der Eigentümer einer Wohnung beispielsweise von den Eltern eines Azubis oder Studenten fordert, dass sie für die regelmäßigen Mietzahlungen bürgen. Mietbürgschaften sind in der Regel unproblematisch.

Anders sieht es aus, wenn beispielsweise eine junge Frau für den Kredit ihres Lebenspartners bürgt, weil dieser sich selbstständig machen will. Oder wenn ein junger Mann von seinen Eltern gebeten wird, im Zuge der Finanzierung ihrer neuen Eigentumswohnung zu bürgen. Den Menschen gegenüber, die wir lieben, sind wir großzügig. Es wirkt ja auch kleinlich, bei so einer Formalität »Nein« zu sagen, und überhaupt: »Es wird schon gut gehen«.

Bis der Lebenspartner sich absetzt oder die Eltern vor der Zwangsvollstreckung stehen. Dann schneit dem arglosen Bürgen plötzlich eine Zahlungsaufforderung ins Haus, der er sich nicht entziehen kann. Er muss natürlich nicht nur den Kredit zurückzahlen, sondern auch die aufgelaufenen Zinsen sowie eventuelle Rechtskosten.

Zwar hat die Rechtsprechung einige Bürgschaftsverträge als sittenwidrig und damit nichtig erklärt. Der Bundesgerichtshof präzisierte, dass eine Bürgschaft sittenwidrig ist, wenn

- der Bürge krass finanziell überfordert ist,
- die Bürgschaft aus enger emotionaler Verbundenheit zum Hauptschuldner eingegangen wurde und
- der Gläubiger die enge emotionale Verbundenheit für seine Zwecke ausgenutzt hat. (BGH, 25.04.2006, XI ZR 330/05)

Aber: Als »krass überfordert« gelten Sie erst, wenn Sie aus dem nicht pfändbaren Teil Ihres Einkommens nicht einmal die Zinsen für die Bürgschaftssumme bezahlen können. In den meisten anderen Fällen sind Sie dran. Die Schuldnerberatungsstellen berichten immer wieder von Fällen, in denen Bürgen selbst in die Überschuldung bis hin zur Privatinsolvenz gerieten, weil sie für andere, meist geliebte Menschen, gutgläubig gebürgt hatten.

Also: Lassen Sie sich allenfalls dazu überreden, für einen anderen zu bürgen, wenn Sie sicher sind, dass Sie die fragliche Verbindlichkeit problemlos aus Ihrem Ersparten decken könnten. Und geben Sie niemals unbegrenzte Bürgschaften ab, sondern deckeln Sie die Beträge. Geht es um Summen, die Sie im Falle des Falles in echte Zahlungsschwierigkeiten bringen würden, sollten Sie die Bitte nach einer Bürgschaft immer mit einem »Nein« beantworten. Gerade wenn jemand Sie liebt, wird er das verstehen und Ihnen die finanzielle Überforderung gar nicht erst zumuten.

Nutzen Sie auch andere Geldquellen

Bisher haben wir bei der Finanzierung Ihres Lebensunterhalts und Ihrer Anschaffungen eigentlich nur auf Ihr Arbeitseinkommen und die Möglichkeit von Kreditfinanzierungen geachtet. Dabei gibt es noch zahlreiche andere (legale) Quellen, aus denen Sie zusätzlich Geld beziehen und damit Ihre Anschaffungen (mit-)finanzieren können.

Nebenjobs

Sicher wissen Sie, dass Sie neben Ihrer Haupttätigkeit bei Ihrem regulären Arbeitgeber einen oder sogar mehrere Nebenjobs ausüben dürfen, solange Sie im Rahmen der gesetzlichen Arbeitszeit bleiben und im Monatsdurchschnitt nicht mehr als 450 Euro verdienen. Das Schöne an einem solchen 450-Euro-Job (auch: Minijob) ist, dass Sie das Geld brutto für netto bekommen. Ihr Arbeitgeber zahlt zwar pauschal 30 Prozent Sozialabgaben auf Ihr Einkommen, Sie selbst müssen aber keine Sozialabgaben abführen (jedenfalls dann nicht, wenn Sie sich von der Rentenversicherungspflicht befreien lassen und sich den Arbeitnehmeranteil von 3,7 Prozent zur Rentenversicherung sparen).

Wenn Sie es mit der Arbeitszeit in Ihrem Hauptjob vereinbaren können, nebenher beispielsweise Zeitungen auszutragen, zu kellnern oder zu putzen, können Sie sich mit einem Minijob ein zweites Einkommen erschließen, das Sie zur Finanzierung von Anschaffungen nutzen können. Anstrengend ist so ein Zweitjob allerdings schon. Und wenn Ihre Arbeit bei Ihrem Hauptarbeitgeber leidet, etwa weil Sie durch den Nebenjob ständig übermüdet sind und Fehler machen, darf Ihnen Ihr Chef die Nebentätigkeit sogar verbieten.

Einen Nebenjob zu finden, ist meist nicht schwer. Suchen Sie in Ihrem lokalen Anzeigenblättchen, in der Tageszeitung oder auch online:

Achtung: Leider gibt es auch hier unseriöse Anbieter, die mit sagenhaften Verdienstmöglichkeiten im Nebenjob – oft sogar von zu Hause aus – locken. Halten Sie sich fern von Angeboten, bei denen Sie z. B. eine gebührenpflichtige 0190er- oder 0900er-Telefonnummer anrufen sollen, um weitere Informationen zu bekommen, oder wenn Sie vor dem Jobantritt für Schulungen bzw. Informationsmaterial bezahlen sollen. Schließlich wollen Sie im Nebenjob Geld verdienen und nicht welches ausgeben!

Nicht mehr Benötigtes verkaufen

Selbst in einem jungen Haushalt sammelt sich das eine oder andere Stück an, das nicht mehr benötigt wird. Kleidung, Bücher, PC- und Konsolen-Spiele müssen nicht Ihre wenigen Schränke verstopfen, sondern können dazu beitragen, die Haushaltskasse aufzubessern. Ein Vormittag als Verkäufer auf dem Flohmarkt beispielsweise kostet Sie ca. 20 Euro Standgebühr, macht aber eine Menge Spaß (vor allem, wenn Sie mit einem Freund oder einer Freundin hingehen) und bringt Ihnen leicht 50 Euro Gewinn.

Wenn Sie sich nicht selbst auf den Flohmarkt stellen möchten, können Sie versuchen, die Sachen über das Internet loszuwerden. Hier bieten sich vor allem die beliebten (und kostenlosen) Ebay-Kleinanzeigen oder natürlich das klassische Ebay an. Für Bücher, DVDs, Computerspiele und CDs gibt es eigene Online-Ankäufer wie Momox oder www.buchankauf-online.de. Besonders interessant ist das, wenn Sie ehemals teure Lehr- oder Fachbücher anbieten wollen, die Sie für Ausbildung oder Studium nicht mehr brauchen. Anders als auf dem Flohmarkt oder in Auktionshäusern können Sie hier vergleichsweise hohe Preise erzielen, sofern die Bücher gut erhalten sind.

Holen Sie sich Ihr Steuergeld zurück

Manchmal müssen Sie erst Arbeit investieren, um sich Geld, das Ihnen zusteht, zurückzuholen. Das gilt vor allem für die Steuer. Als Arbeitnehmer sollten Sie am Ende des Jahres unbedingt eine Steuererklärung machen. Die Lohnsteuer wird im Verlauf des Jahres von Ihrem Arbeitgeber automatisch abgeführt. Entscheidend ist dafür die Lohnsteuerklasse, die auf Ihrer Lohnsteuerkarte eingetragen ist. Damit ist aber nicht gesagt, dass der abgeführte Betrag dem entspricht, was Sie tatsächlich an Steuern zahlen müssen.

Auch für Arbeitnehmer gibt es eine ganze Menge Ausgaben, die sie steuerlich absetzen können. Dazu gehören Werbungskosten, die die Pauschale übersteigen, Beiträge zu bestimmten Versicherungen oder nachweisbare Spenden an gemeinnützige Organisationen. Wenn Sie all diese Posten in Ihrer Steuererklärung angeben, sinkt Ihre Steuerlast und Sie erhalten Geld vom Staat zurück.

Tipp: Eine Steuererklärung zu erstellen, ist kein Zuckerschlecken. Immerhin ist das deutsche Steuerrecht das komplizierteste der Welt. Zum Glück müssen Sie nicht alles allein machen. Sie können z. B. Mitglied in einem Lohnsteuerhilfeverein werden. Die Höhe der Beiträge im Verein richtet sich nach Ihrem Einkommen.

Einen Verein in Ihrer Nähe finden Sie über die Website des Bundesverbands der Lohnsteuerhilfevereine www.bdl-online.de.

Und der Staat ist nicht der einzige, bei dem Sie sich Geld zurückholen können. Viele der gesetzlichen Krankenkassen haben Bonusprogramme aufgelegt, mit denen sie ihre Mitglieder zu gesundheitsförderlichem Verhalten ermuntern wollen. Als Versicherter erhalten Sie z. B. am Jahresanfang ein Bonusheft, in dem Vorsorgeuntersuchungen, Grippeschutzimpfungen sowie die Teilnahme an Gesundheitssport- oder Ernährungskursen von Ihrem Arzt oder dem Veranstalter bestätigt werden. Am Ende des Jahres reichen Sie das Bonusheft dann bei Ihrer Krankenkasse ein und erhalten für jede Bestätigung eine bestimmte Summe, manchmal auch eine Sachprämie – wobei Sie das Geld immer vorziehen sollten. Die Bonusprogramme der Krankenkassen sind sehr unterschiedlich aufgebaut. Hier hilft nur, bei der eigenen Krankenkasse nachzufragen.

7. SÄULE: ERSTE SCHRITTE ZUM SPAREN UND VORSORGEN

Bis jetzt haben wir Sie mit den Informationen und Tipps versorgt, die Sie benötigen, um Ihren Lebensunterhalt grundsätzlich und dauerhaft aus Ihrem Einkommen bestreiten zu können. Das war gewissermaßen das Pflichtprogramm. Nun widmen wir uns der Kür, nämlich dem, was Sie mit dem übrigen Geld tun.

Es ist normal, dass Ihnen am Anfang Ihrer Berufstätigkeit und im ersten eigenen Haushalt nicht allzu viel übrig bleibt. Trotzdem gilt hier das alte Sprichwort »Kleinvieh macht auch Mist«. Außerdem gibt es ja noch staatlich verordnete Spar-Bonbons wie die vermögenswirksamen Leistungen und die Arbeitnehmersparzulage. Die nicht zu nutzen, hieße, bares Geld zu verschenken. Das soll Ihnen nicht passieren.

Zwar ist angesichts der anhaltenden Niedrigzinsphase immer wieder zu lesen und zu hören, man solle nicht mehr sparen, weil sich das nicht mehr lohne. Das aber sehen wir anders.

Natürlich ist es richtig, dass es bei Zinssätzen von 0,05 bis 2 Prozent sehr, sehr lange dauert, bis sich aus einem kleinen Vermögen ein großes entwickelt. Unter diesen Umständen eine solide zusätzliche Altersvorsorge aufzubauen ist auch ziemlich schwierig.

Aber in der Lebensphase, in der Sie jetzt sind, geht es erst einmal darum, einen finanziellen Puffer aufzubauen, damit Sie nicht von jeder unerwarteten, jedoch unabwendbaren Ausgabe aus der Bahn geworfen werden. Dann sollten Sie Reserven ansparen, um größere Anschaffungen wie ein neues Auto (das Sie z. B. für den neuen Job brauchen) oder Ausgaben wie einen Umzug oder eine Weiterbildung finanzieren zu können. Erst danach kann es für Sie um den Vermögensaufbau und die Altersvorsorge gehen. Nur bei einem Teil der staatlich geförderten Angebote sollten Sie schon vorher zugreifen. Aber nun der Reihe nach.

Was tun mit dem »übrigen« Geld?

Am besten ist es, wenn Sie ein gewisses Ausmaß an »Spar-Ausgaben« gleich in Ihre Planung einkalkulieren. Einen finanziellen Puffer braucht jeder, und Geld, das Sie bereits zum Sparen verplant haben, geben Sie nicht so leicht anderweitig aus. Wie viel Sie realistischerweise einplanen können, hängt von Ihrer Einkommenshöhe und Ihren Fixkosten ab. Bei einem Nettoeinkommen von 800 Euro werden Sie vermutlich keine 50 Euro im Monat übrig haben. Aber vielleicht 20. Die überweisen Sie konsequent auf ein Sparkonto.

Dabei allein muss es nicht bleiben. Das Monatsende naht, Sie haben alles bezahlt, was erforderlich war, Ihr neues Gehalt ist schon in Aussicht und da liegt noch ein Restbetrag auf Ihrem Girokonto herum. Sie könnten ihn zwar einfach da liegenlassen. Das hätte allerdings zwei Nachteile: Zum einen werden die meisten Giroguthaben nicht verzinst, sodass Ihnen hier ein (wenn auch kleiner) Zinsgewinn entgeht. Zum anderen verführt »herumliegendes« Geld unweigerlich dazu, es auch auszugeben.

Finanziell und psychologisch geschickter ist es, wenn Sie es sich zur Gewohnheit machen, die Beträge, die sich am Tag vor Ihrer Gehaltsgutschrift noch auf dem Girokonto befinden, abzuräumen und auf ein Sparkonto zu übertragen. Aber auf welches Sparkonto?

Leider keine Geldmaschine: das gute alte Sparbuch

Wir kennen es alle aus unserer Kindheit, als wir jährlich am Weltspartag unsere Sparschweine zum »Schlachten« auf die Bank trugen und dafür ein kleines Werbegeschenk nach Hause tragen durften. Pädagogisch gesehen und für die Erziehung zum Sparen ist das Sparbuch heute noch wertvoll.

Ökonomisch ist es leider nicht so befriedigend. Der Zinssatz für Ihr Sparguthaben ist derzeit mikroskopisch klein. Wenn Sie die Inflationsrate berücksichtigen, wird Ihr Geld auf dem Sparbuch nicht nur nicht mehr, sondern unter dem Strich sogar weniger wert, je länger Sie es dort lassen.

Es gibt aber auch Vorteile: Ihr Geld ist auf dem Sparbuch absolut sicher, Sie zahlen dafür keine Kontoführungsgebühren, und wenn es nicht mehr als 2.000 Euro im Monat sind, kommen Sie auch jederzeit flexibel an Ihr Geld heran.

Also: Lassen Sie ruhig eine Reserve dort, solange die Zinsen auf dem Tagesgeldkonto nicht deutlich höher sind. Der Wert der Reserve liegt nicht in der Verzinsung, sondern darin, dass Sie auf sie zugreifen können, wenn Sie sie brauchen.

Weiterer Parkplatz für Reserven: das Tagesgeldkonto

Technisch betrachtet ist ein Tagesgeldkonto eigentlich ein Girokonto mit Guthabenverzinsung. Den üblichen Zahlungsein- und -ausgangsverkehr können Sie über ein solches Konto zwar nicht abwickeln, aber Sie können zwischen Ihrem Girokonto (oder einem anderen »Referenzkonto«, das Sie benennen können) und dem Tagesgeldkonto beliebig hin und her überweisen. Brauchen Sie Geld auf dem Girokonto, holen Sie es vom Tagesgeld. Haben Sie Geld auf dem Girokonto übrig, überweisen Sie es zum Tagesgeld.

Weil technisch kein Unterschied zum Girokonto besteht, bieten manche Banken übrigens gleich ein Girokonto mit Guthabenverzinsung an. Allerdings sollten Sie deswegen nicht sofort das Institut wechseln, denn das sind oft nur vorübergehende Werbeaktionen bzw. solche, die erst ab bestimmten Guthabenhöhen greifen. Der Guthabenzinssatz ist zudem genauso winzig wie auf dem Tagesgeldkonto.

Der Hauptvorteil des Tagesgeldkontos liegt in seiner enormen Flexibilität: Sie können zu jedem beliebigen Zeitpunkt jeden beliebigen Betrag überweisen oder abheben – oder auch nicht. Anders als bei allen anderen Sparformen sind Sie zu keinerlei Regelmäßigkeit verpflichtet und müssen weder Mindest- oder Höchstsummen noch Fristen und Fälligkeiten beachten.

Für Ihr Tagesgeld gibt es in aller Regel Zinsen ab dem ersten Guthaben-Euro. Manche Institute haben nach Guthabenhöhe gestaffelte Zinssätze, sodass Sie umso höhere Zinssätze bekommen, je mehr Geld Sie auf dem Konto haben. Die Zinsgutschriften erfolgen vierteljährlich.

Der Zinssatz ist allerdings variabel, er kann sich je nach der Marktentwicklung jederzeit nach oben oder unten ändern. Meist passiert das drei- bis viermal im Jahr. Fest kalkulieren können Sie die Verzinsung Ihres Tagesgelds also nicht. Und derzeit ist sie eben sehr, sehr niedrig.

Unser Rat: Sparen Sie so lange auf Ihr Tagesgeldkonto an, bis Sie dort zwei, besser drei Nettomonatsgehälter angesammelt haben. Das ist Ihre Liquiditätsreserve für unvorhergesehene Ausgaben und Notfälle.

Welche Spar- und Anlageformen Ihnen außerdem zur Verfügung stehen

Sobald Sie einen Puffer in ausreichender Höhe geschaffen haben, können Sie ans »echte« Sparen denken. Für diesen Zweck steht Ihnen eine schier unüberschaubare Flut an Angeboten zur Verfügung. Sie alle in sämtlichen Details zu durchleuchten, würde den Umfang dieses Buchs sprengen. Wir können Ihnen hier aber einen Überblick über die verschiedenen Spar- und Anlageformen mit ihren jeweiligen Vor- und Nachteilen geben.

Drei grundlegende Zusammenhänge sollten Sie dabei immer im Hinterkopf behalten und in Ihre Entscheidungen mit einfließen lassen:

1. Rendite und Risiko gehören zusammen.
   Wollen Sie Ihr sauer verdientes und erspartes Geld sicher anlegen? Also so, dass Sie am Ende des Anlagezeitraums auf jeden Fall mehr und nicht weniger zurückbekommen? Dann sollte Ihnen klar sein, dass sichere Anlageformen immer vergleichsweise niedrig verzinst werden.

   Der Zinssatz bzw. die Rendite steigt mit dem Risiko, das die Anlage beinhaltet. Mit Aktien beispielsweise können Sie Ihr Vermögen in verhältnismäßig kurzer Zeit verdoppeln – oder eben auch halbieren. In jedem Fall sollten Sie misstrauisch sein, wenn Ihnen jemand eine »ganz sichere Anlage« verspricht, die 5 oder 8 Prozent Zinsen abwirft. Das klingt nach einem unseriösen Angebot.

2. Bewahren Sie sich Ihre Flexibilität.
   Sparen ist gut und sinnvoll. Aber nur, wenn Sie daneben noch ausreichend Geld zum Leben haben. Als Haushaltsgründer und Berufsanfänger stehen Ihnen viele Investitionen und Unwägbarkeiten bevor. Sie brauchen Möbel und Hausrat, werden vielleicht berufsbedingt umziehen oder vorübergehend einen schlechter bezahlten Job annehmen müssen und brauchen später vielleicht mehr flüssiges Geld, weil Sie eine Familie gründen wollen.

   Deshalb sollten Sie zunächst flexible Anlageformen bevorzugen und nur einen kleinen Teil Ihres Sparvermögens so fest anlegen, dass Sie im Bedarfsfall nicht oder nur zu ungünstigeren Bedingungen an ihn herankommen.

3. Vertrauen Sie in Gelddingen niemandem blind.
   Egal wie Sie Ihr Geld anlegen, es verdient immer jemand daran mit. Das ist auch durchaus in Ordnung. Sie sollten sich aber darüber im Klaren sein, dass diese anderen Menschen ihre eigenen Interessen verfolgen.

   Der Cousin Ihres Schwagers, der Ihnen eine Kapitallebensversicherung verkauft, bekommt dafür eine satte Provision. Der nette Bankbetreuer in Ihrer Filiale muss monatlich soundso viele Banksparpläne und Bausparverträge verkaufen, wenn er keinen Ärger mit seinem Chef haben will. Und jede Direktbank möchte, dass ihre Kunden möglichst oft ihre Depots umschichten; schließlich verdient sie vor allem an den Gebühren, die dabei anfallen. Wenn Sie das wissen, können Sie guten Gewissens Ihren eigenen Nutzen zum Maßstab Ihrer Anlageentscheidungen machen.

Die wichtigsten Möglichkeiten, die Sie dazu haben, stellen wir Ihnen in alphabetischer Reihenfolge vor:

Aktien

Eine Aktiengesellschaft ist ein Unternehmen, das sich (unter anderem) dadurch finanziert, dass es sein Kapital in Anteile zerlegt, diese verbrieft und verkauft. Wer einen solchen Anteilsschein, eine Aktie, kauft, erwirbt damit ein Eigentum am fraglichen Unternehmen. Als Aktionär sind Sie also der Miteigentümer eines Unternehmens. Als Eigentümer steht Ihnen natürlich auch ein Anteil am Gewinn zu, den das Unternehmen macht. Aktiengesellschaften schütten einen Teil ihres Gewinns daher an ihre Eigentümer aus; dieser Gewinnanteil heißt dann nicht Zins, sondern Dividende.

Zusätzlich zur Dividende bieten Ihnen Aktien noch eine weitere, oftmals wesentlich bedeutsamere Gewinnchance: Aktien werden gehandelt, also von einem Eigentümer an den nächsten verkauft. Steigt der Wert eines Unternehmens, weil es gute Produkte und Leistungen erstellt und anbietet und im Wettbewerb damit bestehen kann, steigt auch der Wert der einzelnen Anteile. Dann können Sie Ihre Aktien zu einem höheren Preis verkaufen, als Sie dafür bezahlt hatten, und so von einem Kursgewinn profitieren. Wenn Sie Pech haben, läuft es umgekehrt.

Aktien sind grundsätzlich eine riskante Anlage, schließlich ist es fast nie absehbar, wie sich der Marktwert eines Unternehmens in der Zukunft entwickeln wird. Diese Entwicklung verläuft ohnehin keineswegs stetig, sondern in vielen kleineren und größeren Auf- und Abwärtsbewegungen.

Um Aktien zu kaufen, brauchen Sie ein Depot, also ein spezielles Konto. Das kostet Gebühren. Für den Kauf und Verkauf von Aktien fallen ebenfalls Gebühren an. Dividenden und Kursgewinne unterliegen außerdem der Abgeltungssteuer.

Unser Fazit: Man muss es sich leisten können, das Auf und Ab an den Börsen auszusitzen. Die Anlage in Aktien ist zwar sehr ertragsträchtig, aber auch riskant. Sie als Haushaltsgründer sollten lieber keine Einzelaktien kaufen.

Banksparpläne (auch: Ansparplan, Wachstums- oder Bonussparen)

Praktisch alle Kreditinstitute bieten Ihnen die Möglichkeit, jeden Monat eine feste Summe in einem eigenen Banksparplan anzusparen. Sie entscheiden sich für einen bestimmten monatlichen Betrag – bei einigen Anbietern genügen dafür schon 25 Euro –, zahlen diesen per Dauerauftrag auf ein spezielles Konto ein und bekommen dafür eine wegen des geringen Risikos dieser Anlageform meist bescheidene Verzinsung.

Dabei gibt es die verschiedensten Varianten: Manche Sparpläne sind variabel verzinst, andere fix, wieder andere unterliegen einer vorab festgelegten Zinssatzsteigerung oder fixen Bonuszahlungen, die jeweils ab dem Erreichen bestimmter Sparsummen greifen. Variable Sparpläne haben keine feste Laufzeit, sondern können jederzeit mit einer Frist von drei Monaten gekündigt werden. Ihre Verzinsung ist niedrig. Für die fest und deswegen höher verzinsten Sparpläne werden dagegen Laufzeiten vereinbart, die von drei bis 25 Jahren reichen können. Die Vielfalt der angebotenen Modelle macht einen Vergleich schwierig.

Unser Fazit: Banksparpläne können für einen langfristig angelegten Vermögensaufbau sinnvoll sein, wenn Sie großen Wert auf die Sicherheit Ihrer Anlage legen. Derzeit sind die Banksparplanzinsen allerdings so niedrig, dass Sie nur Verträge mit relativ kurzen Laufzeiten schließen sollten. Wenn Sie sich beispielsweise heute auf sieben Jahre festlegen, aber in fünf Jahren die Zinsen wieder deutlich steigen, wäre das ärgerlich.

Bausparen

Totgesagte leben bekanntlich länger – und das gilt sicher für den guten alten Bausparvertrag. Die Idee dahinter ist auch recht einleuchtend: Eine eigene Wohnung kostet viel Geld. Bis man das angesammelt hat, vergeht eine ziemlich lange Zeit. Schneller geht es, wenn viele Bauwillige gemeinsam in einen großen Topf einzahlen.

Genau das tun Sie, wenn Sie einen Bausparvertrag abschließen. Ihre Bausparraten fließen in den großen Topf, ebenso wie die Tilgungszahlungen für die von glücklichen Bauherren bereits in Anspruch genommenen Bauspardarlehen.

Alles zusammen ergibt die Zuteilungsmasse. Je nachdem, wie lange Sie bereits einzahlen, wie hoch Ihre Sparraten im Verhältnis zur Bausparsumme sind und wie viel Geld sich im gemeinsamen Topf befindet, bekommen Sie früher oder später Ihre Bausparsumme nebst daran hängendem Darlehen »zugeteilt«. Die Verzinsung des eingezahlten Geldes ist beim Bausparen nicht besonders hoch. Auch die Planbarkeit lässt zu wünschen übrig, weil man im Vorhinein eben nie genau weiß, wann der Vertrag zuteilungsreif sein wird.

Dass das Bausparen dennoch nicht völlig uninteressant ist, liegt zum einen an seiner Förderfähigkeit durch vermögenswirksame Leistungen, an der Arbeitnehmersparzulage (dazu lesen Sie mehr im Kapitel »Sparen mit Kohle vom Staat«) und zum anderen am Bauspardarlehen, das Ihnen in Höhe Ihrer Bausparsumme zusteht. Dieses Darlehen bekommen Sie zu einem festen und vergleichsweise niedrigen Zins. Fällt die Zuteilung Ihres Vertrags in eine Niedrigzinsphase wie derzeit, hält sich der Nutzen des Bausparens in sehr engen Grenzen. Wenn die Zinsen irgendwann wieder steigen, kann ein solches Niedrigzinsdarlehen durchaus attraktiv sein.

Unser Fazit: Bausparen ist eine sehr sichere Anlageform und kann sich für Sie lohnen, wenn Sie dafür vermögenswirksame Leistungen nutzen und sich mit dem Gedanken tragen, in einigen Jahren tatsächlich eine eigene Wohnung zu kaufen. Um sich die finanzielle Flexibilität zu erhalten, sollten Sie allenfalls einen Vertrag mit einer nicht zu hohen Bausparsumme (ca. 5.000 Euro) und niedrigen monatlichen Raten (ca. 50 Euro pro Monat) abschließen.

Festgeld (auch: Termingeld)

Sollten Sie aus Ihrem Ersparten oder dem Erbe Ihrer Oma 500 oder 5.000 Euro auf einen Schlag übrig haben, können Sie es als Festgeld anlegen. Dabei zahlen Sie das Geld auf ein eigens angelegtes Termingeldkonto ein, binden sich an eine bestimmte Laufzeit, die von einem Monat bis zu zwölf Jahren reichen kann, und bekommen einen fest vereinbarten Zins dafür. Zwischen 0 und 1,6 Prozent Zinsen bekommen Sie derzeit (Stand: September 2016) bei einer Laufzeit von einem Jahr dafür.

Zum Ansparen und Aufbauen von Vermögen eignet sich Festgeld allerdings nicht, denn Sie müssen den Mindestbetrag von vornherein haben. Sollten Sie das Geld kurzfristig brauchen, können Sie Festgeldanlagen meist auch vorzeitig kündigen; das kostet Sie aber eine Gebühr oder eine Reduzierung des Zinssatzes, sodass die Rendite flöten geht.

Unser Fazit: Festgeld ist für Sie nur interessant, wenn Sie einen größeren Betrag auf einmal anlegen können und ihn während der Laufzeit sicher nicht brauchen. Die Verzinsung ist derzeit leider ebenfalls völlig unattraktiv.

(Investment-)Fonds

Es gibt Unternehmen, die von vielen einzelnen Anlegern Geld einsammeln und dieses anlegen. Diese sogenannten Investmentfonds spezialisieren sich auf bestimmte Arten von Geldanlagen. Es gibt Fonds, die nur in festverzinsliche Wertpapiere investieren (sogenannte Rentenfonds), andere kaufen nur Aktien (Aktienfonds) oder investieren in Immobilien (Immobilienfonds), wieder andere in Kombinationen aus Termingeldern und anderen kurzfristigen Anlagen (Geldmarktfonds).

Fonds haben gegenüber der Anlage in einzelnen Aktien, festverzinslichen Papieren oder Immobilien deutliche Vorteile: Zum einen sammeln sie sehr viel Geld ein und können damit als Großinvestor auftreten, der deutlich bessere Konditionen heraushandeln kann, als es ein einzelner Kleinanleger könnte. Zum anderen können sie sehr viel leichter das Risiko der einzelnen Investments streuen; hier ein sicheres, aber niedrig verzinstes kaufen, dort ein sehr gut verzinstes, das ein gewisses Risiko beinhaltet ... Ein Fonds hat genügend Vermögen und professionelles Know-how, um den Markt gut im Blick und das Management der Geldanlagen im Griff zu haben.

Für diesen Service und dieses Know-how müssen Sie als Anleger natürlich bezahlen. Wenn Sie Papiere kaufen, zahlen Sie dafür einen Ausgabeaufschlag von bis zu 5 Prozent, für die Verwaltung Ihrer Anlagen fallen Extragebühren an. Diese Gebühren sind bei Direktanlagebanken deutlich niedriger als bei Ihrer Hausbank. Dafür bekommen Sie dort keinerlei Beratung, sondern müssen sich selbst vorab informieren, welche Fonds gerade attraktiv sind.

An dieser Stelle möchten wir Sie warnen: Ihre Hausbank berät Sie zwar gern, aber leider können Sie nicht davon ausgehen, dass sie das objektiv und in Ihrem Interesse tut. Jede Bank hat nämlich ihre eigenen Fonds aufgelegt, die sie natürlich bevorzugt anpreist – auch wenn sie im Vergleich zur Konkurrenz schlecht abschneiden.

Fonds sind vergleichsweise sichere Anlagen (wenn auch nicht so sicher wie z. B. Festgeld), die langfristig gegenüber anderen Anlageformen überdurchschnittliche Renditen erwirtschaften. Aber sie erfordern eine gewisse Aufmerksamkeit; Sie sollten sich regelmäßig über die Entwicklungen informieren und gegebenenfalls in eine andere Anlage wechseln. Ähnlich wie bei Einzelaktien sollten Sie in Aktienfonds aber nur Geld investieren, das Sie nicht kurzfristig wieder brauchen – Sie riskieren sonst, zu einem Zeitpunkt aussteigen zu müssen, zu dem der Kurs niedrig ist.

Internettipp

Sehr gute und aktuelle Informationen über die Entwicklung von Fonds bekommen Sie z. B. unter www.onvista.de.

Klicken Sie auf »Fonds«. Rechts oben ist ein Suchfeld, in das Sie beispielsweise einen Fonds, den Ihre Hausbank Ihnen angeboten hat, eingeben können. Sie erhalten hier zusätzliche Informationen über ihn und können verfolgen, wie er sich in der Vergangenheit im Vergleich zu anderen, ähnlich gelagerten Fonds entwickelt hat.

Für den Vermögensaufbau besonders gut geeignet sind Fondssparpläne, die von allen Kreditinstituten angeboten werden. Sie können eine monatliche Sparrate wählen, die dann in den jeweiligen Fonds fließt. Dieses Investment ist sehr flexibel, weil Sie je nach Bedarf und finanzieller Situation die monatliche Sparrate anpassen können – wenn Sie gerade nicht können, zahlen Sie nichts ein, wenn es gut läuft, mehr. Fondssparpläne sind allerdings an die Produkte gebunden, die Ihre Bank im Angebot hat, und das müssen nicht die rentabelsten sein. Die Erträge aus Fonds unterliegen außerdem der Abgeltungssteuer.

Indexfonds (ETFs)

Bei den Exchange Traded Funds, die unter dem Kürzel ETF bekannt geworden sind, handelt es sich um eine spezielle Art von Investmentfonds. Die deutsche Bezeichnung dafür lautet übrigens »börsengehandelte Indexfonds«. Hier gibt es kein Fondsmanagement, das z. B. nach besonders interessanten Aktien sucht, sondern es wird der zugrunde liegende Index (z. B. der Deutsche Aktienindex DAX mit den Aktien der dort enthaltenen 30 größten deutschen Aktiengesellschaften) nachgebildet.

Das hat Vorteile: Zum einen entwickeln sich die Indexfonds genauso wie der zugrunde liegende Index und garantiert nicht schlechter. Vor allem aber sind die ETFs viel billiger für die Anleger, weil der Ausgabeaufschlag für sie entfällt. Auch die Verwaltungsgebühren sind deutlich niedriger als bei Investmentfonds.

Der Nachteil der ETFs liegt darin, dass sie nie besser abschneiden als der zugrunde liegende Index und dass sie Börsenschwankungen verstärken können, weil sie jedes Auf und Ab eins zu eins mitmachen.

Unsere Empfehlung: Gezielte Investments in einzelne Fonds sind sehr attraktiv, erfordern aber viel Aufmerksamkeit. Fondssparpläne sind wesentlich einfacher im Handling, sehr flexibel und vergleichsweise ertragsstark. Ihnen als Berufsanfänger empfehlen wir einen ETF-Fondssparplan bei einer Direktbank, sobald Sie Ihre Reserve auf dem Tagesgeldkonto beisammenhaben. Wählen Sie am besten einen ETF, der den Weltaktienindex MSCI nachbildet. Damit sind Sie gegen regionale Schwankungen geschützt. Und: Bleiben Sie dabei, auch wenn die Kurse fallen; dann fällt zwar auch der Wert der bisher gekauften Anteile, aber dafür kaufen Sie die nächsten entsprechend billiger ein. Irgendwann geht es immer wieder aufwärts ...

Sparbriefe

Sparbriefe sind eigentlich Schuldverschreibungen. Das Kreditinstitut leiht sich für einen bestimmten Zeitraum von Ihnen Geld und zahlt Ihnen dafür Zinsen. Das heißt: Sie zahlen einmalig einen Betrag ein, auf den Sie aber je nach Laufzeit für zwei bis zehn Jahre definitiv keinen Zugriff mehr haben. Der Mindestbetrag liegt oft bei 500 Euro, kann je nach Institut aber auch 2.500 Euro oder 5.000 Euro betragen.

Es gibt abgezinste Sparbriefe, bei denen Sie erst weniger einzahlen und dafür am Ende der Laufzeit den gesammelten Zins dazubekommen. Eine andere Variante sind aufgezinste Sparbriefe, bei denen auf den festen Anlagebetrag jährlich die Zinsen gutgeschrieben und beim nächsten Mal mitverzinst werden. Die Auszahlung erfolgt am Ende der Laufzeit auf einen Schlag. Diese Varianten sind interessant für Leute, die damit rechnen, zum Auszahlungszeitpunkt einem geringeren Steuersatz zu unterliegen, etwa weil sie dann in Rente gehen. Die Zinssätze für Sparbriefe liegen derzeit bei etwa 1 bis 1,5 Prozent, also vergleichbar mit denen für Festgeldkonten.

Unser Fazit: In Ihrer Lebensphase, in der Sie ja nie wissen, wann Sie das angelegte Geld wieder brauchen, bieten sich Sparbriefe eher nicht an.

Sparen mit Kohle vom Staat

Auch der Staat findet es gut, wenn Sie sparen. Kein Wunder, verringert es doch seine Sozialausgaben, wenn seine Bürger selbst für Notlagen und für ihr Alter vorsorgen. Deshalb gibt es gesetzliche Vorschriften, nach denen Arbeitnehmer Anspruch auf staatlich geförderte Sparleistungen haben, nämlich auf die sogenannten vermögenswirksamen Leistungen (VL); für Geringverdiener schenkt der Staat sogar direkt Geld in Form der Arbeitnehmersparzulage dazu. Die entsprechenden Regelungen finden Sie im Fünften Vermögensbildungsgesetz. Die Vorsorge fürs Alter fördert der Staat auch, allerdings vorwiegend dann, wenn es sich um sogenannte Riester-Verträge handelt.

Vermögenswirksame Leistungen

Hinter diesem etwas sperrigen Begriff verbirgt sich eigentlich etwas ganz Einfaches, nämlich Geld, das Ihr Arbeitgeber für Sie zum Zweck der Vermögensbildung auf ein eigenes Anlagekonto überweist. Wenn Sie Arbeitnehmer, Auszubildender, Beamter oder Soldat sind, haben Sie entweder aufgrund eines Tarifvertrags oder einer Betriebsvereinbarung Anspruch auf vermögenswirksame Leistungen oder Sie können diesen extra im Arbeitsvertrag vereinbaren. Je nach Tarifvertrag und Branche gibt es monatlich zwischen 6,65 und 40 Euro zusätzlich zum eigentlichen Gehalt – das sind immerhin 79,80 bis 880 Euro jährlich! Auf den Zusatzbetrag sind allerdings ganz normal Steuern und Sozialabgaben zu entrichten – bis zur Abgabenfreiheit reichen die guten Absichten des Staates dann doch nicht.

Das eigentliche Sparen funktioniert dann so: Sie entscheiden sich für eine der förderfähigen Anlageformen, schließen einen entsprechenden Sparvertrag ab und reichen eine Kopie dieses Vertrags bei Ihrem Arbeitgeber ein. Der überweist den monatlich fälligen Sparbetrag direkt auf ein eigenes Konto, und zwar sechs Jahre lang. Danach gilt eine einjährige Sperrfrist, während derer Sie nicht an das Geld herankommen. Nach sieben Jahren können Sie über den kompletten Betrag vollständig frei verfügen.

Und welches sind nun die VL-Anlageformen? Dazu gehören Aktien, Aktienfondssparpläne, Banksparpläne, Bausparverträge und die Tilgung von Bauspardarlehen, Kapitallebensversicherungen, aber auch Beteiligungen an Kapitalgesellschaften und Genossenschaften sowie Genussscheine und Wandelschuldverschreibungen (auf die wir hier nicht näher eingehen wollen).

Bei manchen Verträgen für vermögenswirksame Leistungen gelten Mindestanlagesummen. Darüber sollten Sie sich vor Vertragsschluss informieren. Erhalten Sie von Ihrem Chef nämlich weniger als die Mindestanlagesumme, müssen Sie den Rest sonst aus eigener Tasche drauflegen.

Unser Fazit: Wenn Sie einen Anspruch auf vermögenswirksame Leistungen zusätzlich zu Ihrem regulären Arbeitseinkommen haben, sollten Sie diesen auch einlösen. Wenn Sie es nicht tun, verschenken Sie Geld, das sich in sieben Jahren zu einem netten Pölsterchen entwickeln könnte.

Sie wissen gar nicht, ob Ihnen vermögenswirksame Leistungen zustehen? Dann fragen Sie Ihren Betriebsrat oder die Personalabteilung danach.

Arbeitnehmersparzulage

Nicht nur der Arbeitgeber fördert mit den vermögenswirksamen Leistungen Ihre Sparbemühungen, unter bestimmten Umständen legt auch der Staat noch etwas drauf. Sofern Sie zu den

Geringverdienern gehören, fördert er Ihre VL-Verträge zusätzlich durch die jährliche Arbeitnehmersparzulage. Sie steigert die Rendite Ihrer Anlage erheblich und macht die Sache erst richtig attraktiv.

Dieses Geldgeschenk erhalten Sie allerdings nur auf Antrag und nur für folgende Anlageformen: für Bausparverträge, für die Tilgung eines Bauspardarlehens, für einen Aktienfondsparplan oder eine andere Beteiligung an Produktivvermögen. Den Antrag stellen Sie jährlich neu in der Anlage N Ihrer Steuererklärung.

Die staatliche Förderung beträgt:

Anlageform	**Förderung**	**Einkommensgrenze (Single)**
Aktienfondsparplan bzw. andere Beteiligung an Produktivvermögen	20 % auf Ihre jährlichen Einzahlungen bis zu einem Höchstbetrag von 400 Euro = max. 80 Euro/Jahr	20.000 Euro zu versteuerndes Einkommen
Bausparvertrag bzw. Erwerb von Anteilen an Wohnungsgenossenschaften	9 % auf Ihre Beiträge bzw. Rückzahlungen bis 470 Euro im Jahr (= 42,30 Euro/Jahr)	17.900 Euro zu versteuerndes Einkommen

Wenn Sie zu den Glücklichen gehören, deren Arbeitgeber mehr als 400 bzw. 470 Euro an vermögenswirksamen Leistungen im Jahr zahlt, können Sie sogar beide Förderungen nebeneinander beziehen.

Wohnungsbauprämie

Sie kommt für Bausparverträge und für den Erwerb von Anteilen an Wohnungsbaugenossenschaften infrage, wenn Ihr zu versteuerndes Einkommen wiederum unter der Einkommensgrenze von 25.600 Euro für einen Alleinstehenden liegt.

Die Wohnungsbauprämie beträgt 8,8 Prozent auf Ihre jährlichen Einzahlungen bis zu einer Höhe von 512 Euro, also maximal 45,06 Euro pro Jahr. Auch hier muss der Vertrag über mindestens sieben Jahre laufen.

Für das Ersparte, für das Sie die Arbeitnehmersparzulage bekommen, können Sie keine Wohnungsbauprämie erhalten. Trotzdem können Sie beide Zulagen kassieren, wenn Sie zwei Bausparverträge abschließen: zum Beispiel einen zu 512 Euro im Jahr (45,06 Euro Wohnungsbauprämie) und einen zu 470 Euro im Jahr (42,30 Euro Arbeitnehmersparzulage). Dann bekommen Sie auf eine Anlagesumme von 982 Euro, die Sie zumindest teilweise von Ihrem Arbeitgeber erhalten, Fördergeld in Höhe von 87,36 Euro. Das entspricht einer Verzinsung von 8,9 Prozent – so viel bekommen Sie derzeit bei kaum einer anderen Anlageform, und das völlig risikofrei. Das lohnt sich allerdings nur, wenn Sie das Gesparte tatsächlich für einen Wohnungskauf oder eine Renovierung/einen Umbau ausgeben und auch das Bauspardarlehen nutzen wollen.

Unser Fazit: Wenn Sie unter den genannten Einkommensgrenzen liegen, sollten Sie sich für eine der förderfähigen Anlagen entscheiden und unbedingt jedes Jahr den Antrag auf die Arbeitnehmersparzulage stellen. Wenn Sie vorhaben, später eine eigene Wohnung zu kaufen und das Bauspardarlehen zu nutzen, entscheiden Sie sich für den Bausparvertrag. Ansonsten fahren Sie mit der Anlage der VL in einen Aktienfonds wegen der höheren Zulagen (und der ohnehin besseren Renditeaussichten) besser.

Riester-Rente

Schon seit etlichen Jahren ist abzusehen, dass die staatliche Rentenkasse nicht ausreichen wird, um den Rentnern der Zukunft ein auskömmliches Dasein zu garantieren. Deshalb wurde ein spezielles Förderprogramm eingeführt: die nach dem damaligen Bundesminister für Arbeit und Sozialordnung sogenannte Riester-Rente. Ziel ist, dass möglichst viele Bürger entsprechende Verträge abschließen, um selbst für ihr Alter vorzusorgen. Der Staat belohnt das mit teilweise recht üppigen Zulagen.

»Riestern« können Sie, wenn Sie in der gesetzlichen Rentenversicherung pflichtversichert sind, also als Arbeitnehmer, Wehr- oder Zivildienstleistender, als Beamter, Soldat, als Bezieher von Arbeitslosengeld oder sogar in der Erziehungspause (in den ersten drei Jahren nach der Geburt eines Kindes). Auch als Minijobber können Sie »riestern«, wenn Sie sich nicht von der Rentenversicherungspflicht befreien lassen haben. Die Höhe der Zulagen hängt davon ab, wie viele Kinder Sie haben und wie viel Geld Sie im Verhältnis zu Ihrem Einkommen für die Vorsorge aufwenden.

Die maximale Förderung erhalten Sie, wenn Sie 4 Prozent Ihres rentenversicherungspflichtigen Einkommens, höchstens aber 2.100 Euro (inklusive Zulagen) in einen Riester-Vertrag einzahlen. In diesem Fall gäbe es eine Grundzulage von 154 Euro und für jedes Kind eine Kinderzulage von 300 Euro. Der Mindesteigenbetrag, den Sie einzahlen müssen, liegt bei 60 Euro im Jahr. Für Sie als Berufseinsteiger gibt es zusätzlich einen einmaligen Bonus von 200 Euro, wenn Sie bei Abschluss des Riester-Vertrags unter 25 Jahre alt sind.

Daneben gibt es für das Riestern eine Steuerersparnis, weil die Beiträge als Sonderausgaben vom Einkommen abgezogen werden können. Wenn Sie wenig verdienen und ohnehin kaum bzw. keine Einkommensteuer zahlen, ist das allerdings kein echter Vorteil für Sie.

Die Förderung gibt es nicht für jedes Altersvorsorgeprodukt, sondern nur für jene, die als »Riester-konform« zertifiziert sind. Dabei steht Ihnen eine große Bandbreite an Altersvorsorgeprodukten zur Verfügung, etwa Riester-Banksparpläne, Fondssparpläne oder Rentenversicherungen, neuerdings sogar Riester-ETFs. Diese müssen mehrere Voraussetzungen erfüllen. So muss garantiert sein,

- dass der Anleger nicht weniger ausbezahlt bekommt, als er eingezahlt hat,

- dass die Leistungen aus dem Vertrag nicht vor Ihrem 62. Lebensjahr erbracht werden und

- dass höchstens 30 Prozent der Gesamtsumme später als Einmalzahlung ausgezahlt werden und der Rest in Form einer monatlichen Rente geleistet wird.

Daneben gibt es weitere Einschränkungen, etwa die, dass Sie

- während des Rentenbezugs in Deutschland unbeschränkt steuerpflichtig sein werden – beschließen Sie hingegen, Ihre alten Tage auf Mallorca oder in Australien zu verbringen, müssen Sie die Zulagen und die eventuell erzielte steuerliche Förderung zurückzahlen!

- Ihre Riester-Rente nicht an Ihre Kinder vererben können.

- Den Vertrag nicht vorzeitig kündigen dürfen (auch dann müssen Sie die Zulagen und die steuerliche Förderung zurückerstatten).

Zudem sind Riester-Produkte aufgrund der vielen gesetzlichen Vorgaben häufig mit hohen Verwaltungskosten belastet, die sich negativ auf die Rendite auswirken.

> *Unser Fazit:* »Riestern« wird für Sie grundsätzlich erst später interessant – wenn Sie mehr verdienen, mehr einzahlen können und Kinder haben. In Ihrer jetzigen Lebensphase sind die Produkte zu unflexibel; Sie sollten sich mit 20 keinen Vertrag ans Bein binden, in den Sie bis 62 einzahlen müssen, bevor Sie absehen können, wohin die finanzielle Lebensreise geht.

Andererseits: Wenn Sie noch unter 25 Jahre alt sind, sehr wenig verdienen und ein Kind haben oder erwarten, sollten Sie nochmals nachrechnen: 60 Euro Mindestbeitrag im Jahr + 154 Euro Grundprämie + 300 Euro Kinderprämie + einmalig 200 Euro ergeben 714 Euro Anlagebetrag für das erste Jahr und damit eine Verzinsung von 1.190 Prozent. Das ist eine höchst lukrative Anlage! Wenn Sie irgendwann im Laufe Ihres Lebens keine weiteren Beiträge mehr zahlen wollen oder können, können Sie den Vertrag bis zum 62. Geburtstag ruhen lassen. Dann müssen Sie auch keine Prämien zurückzahlen.

NOTFALLPLAN

Den Plan für den absoluten finanziellen Notfall – wenn gar kein Geld mehr im Haus ist und das Konto nichts mehr hergibt – werden Sie hoffentlich nie brauchen. Wenn Sie Ihre Finanzen auf den sieben soliden Säulen aufbauen, die wir Ihnen in diesem Buch vorgestellt haben, ist die Gefahr ausgesprochen gering, dass Sie je in eine solche Notlage geraten.

Aber falls doch: Hier finden Sie sechs Tipps zum Überleben ohne Geld. Die folgenden Vorschläge sind für die bittere Situation gedacht, dass Sie tatsächlich gar kein Geld mehr in der Tasche haben und nicht mehr wissen, wovon Sie sich ernähren sollen. Hauptziel ist in einer solchen Lage, die tägliche Versorgung sicherzustellen. Deshalb mögen die Tipps teilweise drastisch erscheinen – aber sie können Sie erst mal über Wasser halten.

Sechs Tipps zum Überleben, wenn Sie kein Geld mehr haben

Verschaffen Sie sich sofort einen Überblick über Ihre Finanzen. Auch wenn die Versuchung groß ist, den Kopf in den Sand zu stecken – das wäre das Dümmste, was Sie im Moment machen können.

1. Machen Sie eine genaue Aufstellung: Welche Schulden haben Sie? Wenn ja, wo? Über welche Beträge sprechen wir? Es ist entscheidend, dass Sie wissen, wie Sie dastehen. Die Übersicht ist übrigens auch Voraussetzung für einen Termin bei der Schuldnerberatung. Den sollten Sie möglichst bald vereinbaren, denn Sie müssen mit einer Wartezeit von mehreren Wochen rechnen. Seriöse Schuldnerberatungen arbeiten kostenlos und nehmen nie Geld von Ihnen. Träger sind in der Regel karitative Einrichtungen oder die Kommunen. Fragen Sie bei Ihrer Verbraucherzentrale nach.

2. Sprechen Sie mit Ihren Gläubigern und Ihrer Bank. Vielleicht können Sie einige Zahlungen verschieben, die Raten senken, vorübergehend aussetzen oder überhaupt erst Ratenzahlungen vereinbaren. Erfahrungsgemäß sind immer einige Gläubiger gesprächsbereit, wenn Sie sie rechtzeitig ansprechen. Sie reagieren aber sauer, wenn Sie alles laufen lassen und sich um nichts kümmern. Das ist verständlich: Schließlich haben Sie deren Geld ausgegeben und nicht wie vereinbart zurückgezahlt. Um es ganz klar zu sagen: Ein Computer, den Sie nicht bezahlt haben, gehört Ihnen auch nicht! Wenn Sie für Ihre Wohnung keine Miete mehr zahlen, haben Sie kein Recht, darin zu wohnen. Stellen Sie sich also gut mit Ihren Gläubigern.

3. Suchen Sie sich Hilfe. Auch wenn die Situation unangenehm ist – Sie müssen nicht allein da durch. Sprechen Sie mit karitativen Einrichtungen und Ihrer Kirchengemeinde und bitten Sie um Hilfe. Dort wird man Sie zumindest nicht verhungern lassen, sondern Ihnen Zugang zur örtlichen Tafel oder zur Suppenküche verschaffen. Gehen Sie auch zu den Sozialämtern. Sie erhalten hier womöglich nicht sofort Hilfe, wie es früher einmal war, aber ohne entsprechende Anträge wird es auch später nichts mit staatlicher Unterstützung werden. Sprechen Sie auch mit Ihren Freunden und Ihrer Familie. Die Menschen, die Sie lieben, werden Sie auch unterstützen. Vielleicht nicht mit Geld – das würde ohnehin nur Ihren Schuldenstand erhöhen –, aber mit einer warmen Mahlzeit und mit gemeinsam verbrachter Zeit, damit Sie mal auf andere Gedanken kommen.

4. Sichten Sie Ihren Haushalt: Ist noch etwas vorhanden, das Sie in irgendeiner Form verwerten können? Sei es, dass Sie aus Ihren Vorräten erst mal etwas zu essen kochen oder dass Sie Hausrat, auf den Sie verzichten können, verkaufen oder verpfänden. Das kann auch bedeuten, etwas zu verkaufen, was Sie eigentlich nutzen und gern behalten möchten – wie z. B. das Auto.

5. Überlegen Sie, ob Sie kurzfristig einen zusätzlichen Job finden können: Gassiservice für den Nachbarn, Babysitting im Bekanntenkreis, Zeitungen oder Prospekte austragen. Mit dem Geld, das Sie dabei verdienen, können Sie wenigstens Lebensmittel kaufen.

6. Versuchen Sie, Tauschgeschäfte abzuschließen. Sie mähen bei Ihrem Vermieter den Rasen und jäten Unkraut, dafür erlässt er Ihnen einen Teil der Miete. Oder Sie helfen bei der Ernte im Garten, dürfen aber dafür etwas Obst und Gemüse mitnehmen – so haben Sie wenigstens etwas zu essen im Haus.

Das funktioniert eventuell auch bei Freunden: Ich putze dein Bad und bekomme dafür einen Teller Suppe. Sprechen Sie im Sommer mit Bauern in Ihrer Umgebung, ob diese es gestatten, »stoppeln« zu gehen. Das heißt, wenn der Bauer das Feld abgeerntet hat, können Sie z. B. die restlichen Kartoffeln aufsammeln.

Wenn Sie Schulden haben und nicht mehr wissen, wie es weitergehen soll, sprechen Sie unbedingt mit einem seriösen Schuldenberater. Er kann Ihnen helfen, Ihre Finanzen so weit in den Griff zu bekommen, dass Sie nie wieder in diese prekäre Lage kommen. Tipps, wie Sie in Zukunft besser mit Ihrem Geld auskommen, finden Sie in diesem Buch.

STICHWORT-VERZEICHNIS

G

H

I

J

K

L

M

N

O

P

R